槍術

初見良昭著

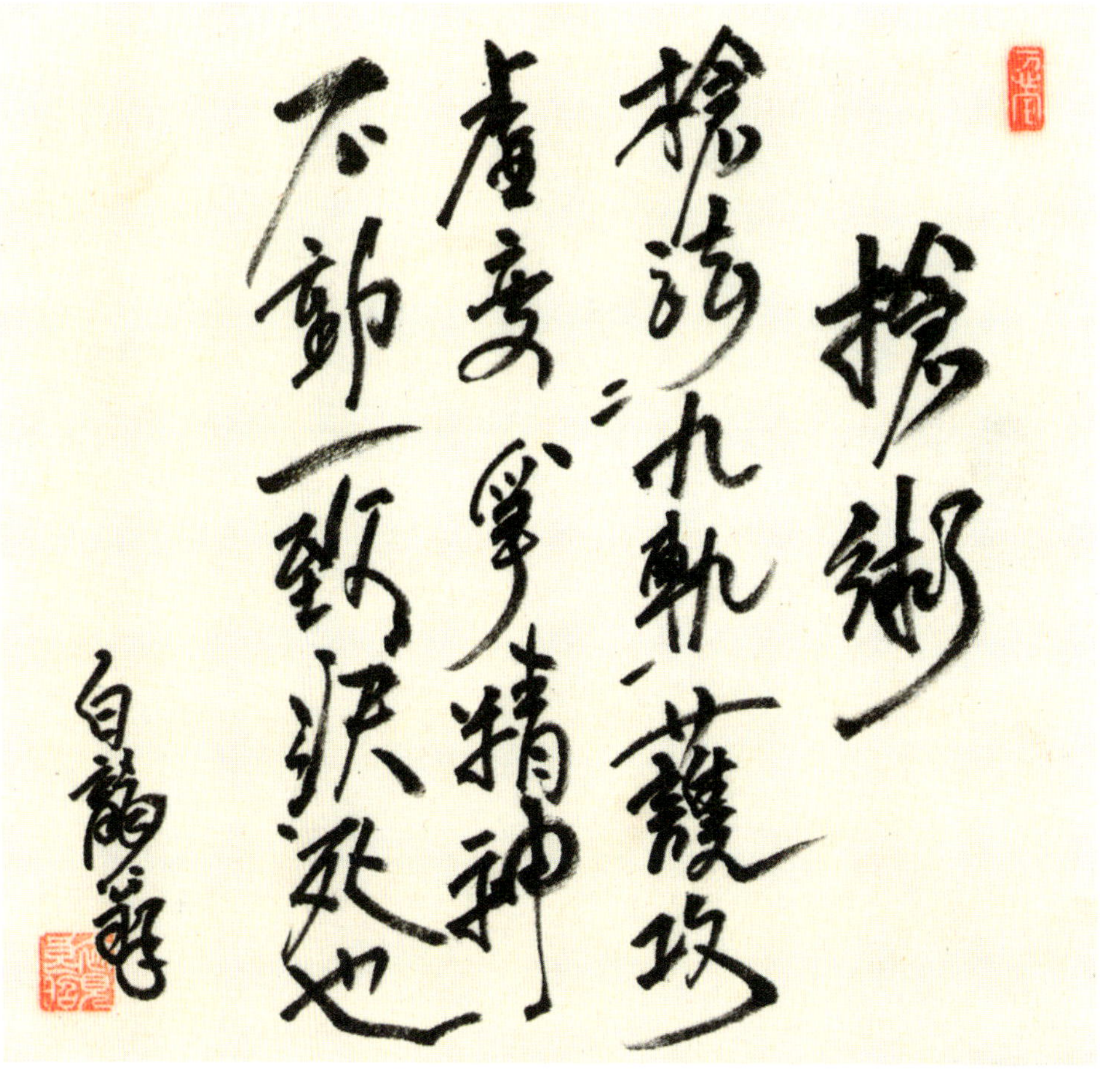

土屋書店刊

英雄六家撰
山本勘介入道道鬼齋
一勇齋
國芳画
横川彫竹

古今
英勇
見立
俄本多忠勝
市川團洲
豊原国周筆
加藤清正
中村芝翫

槍術の使い手達

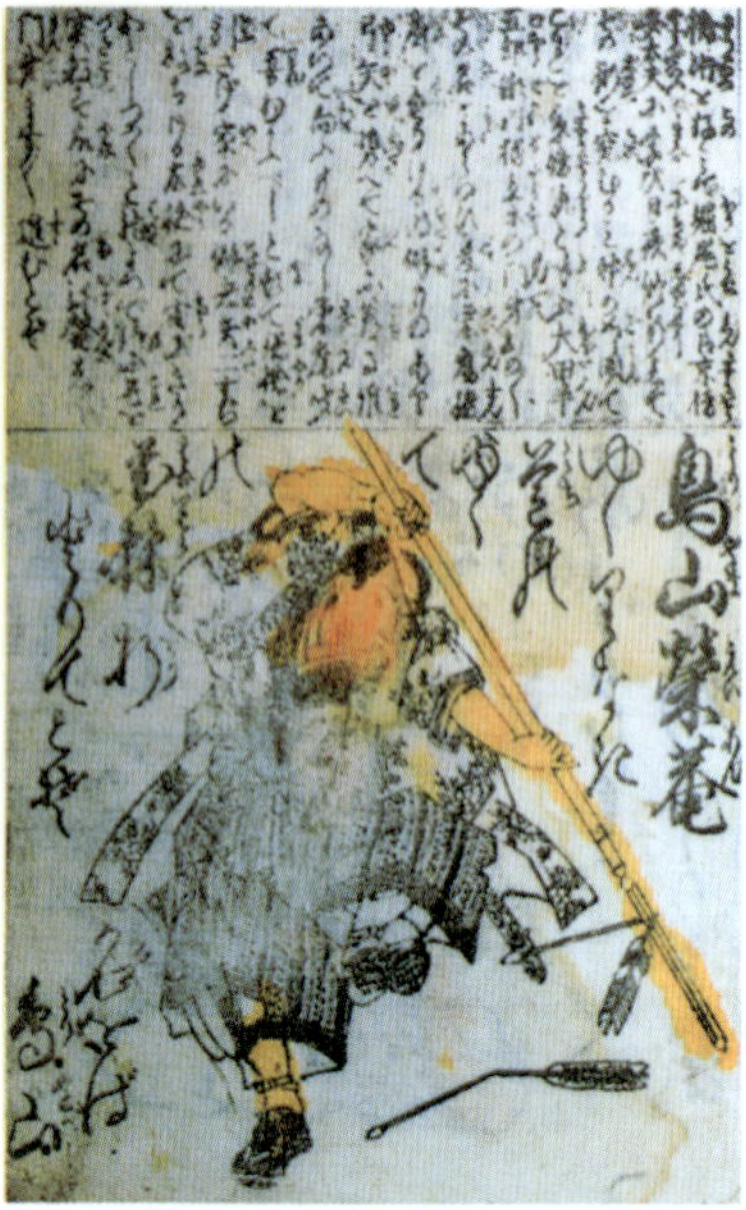

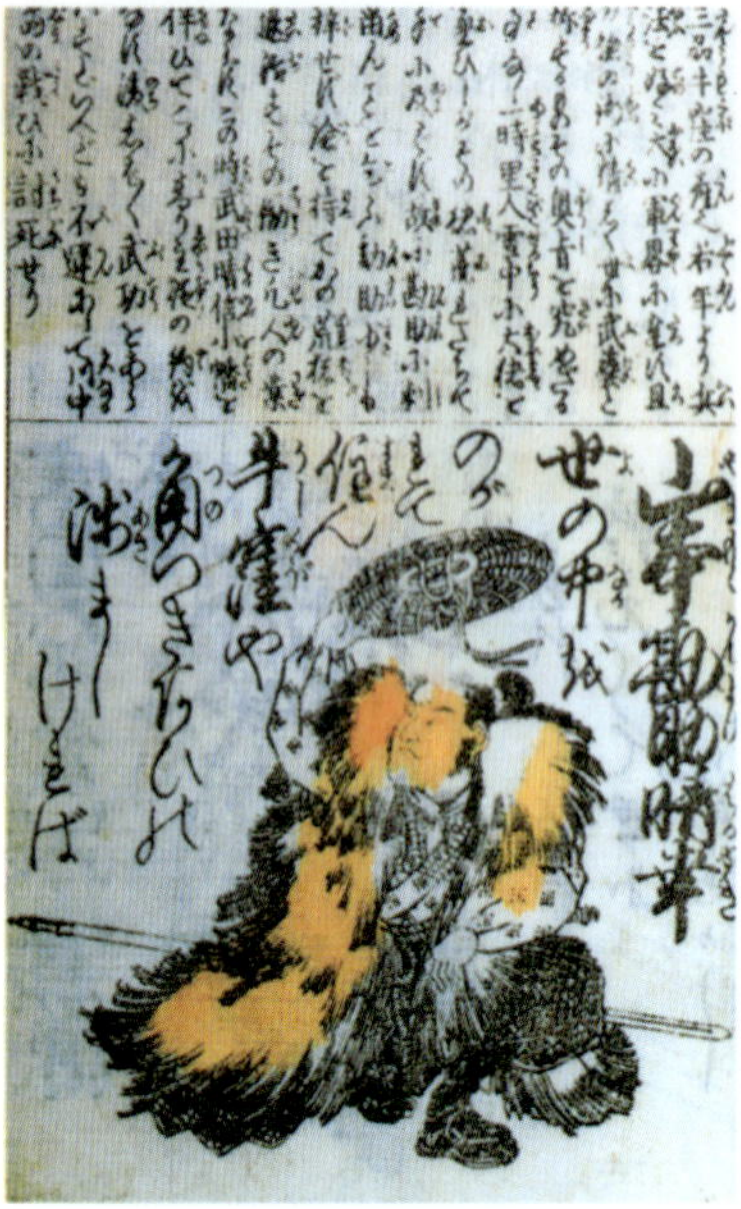

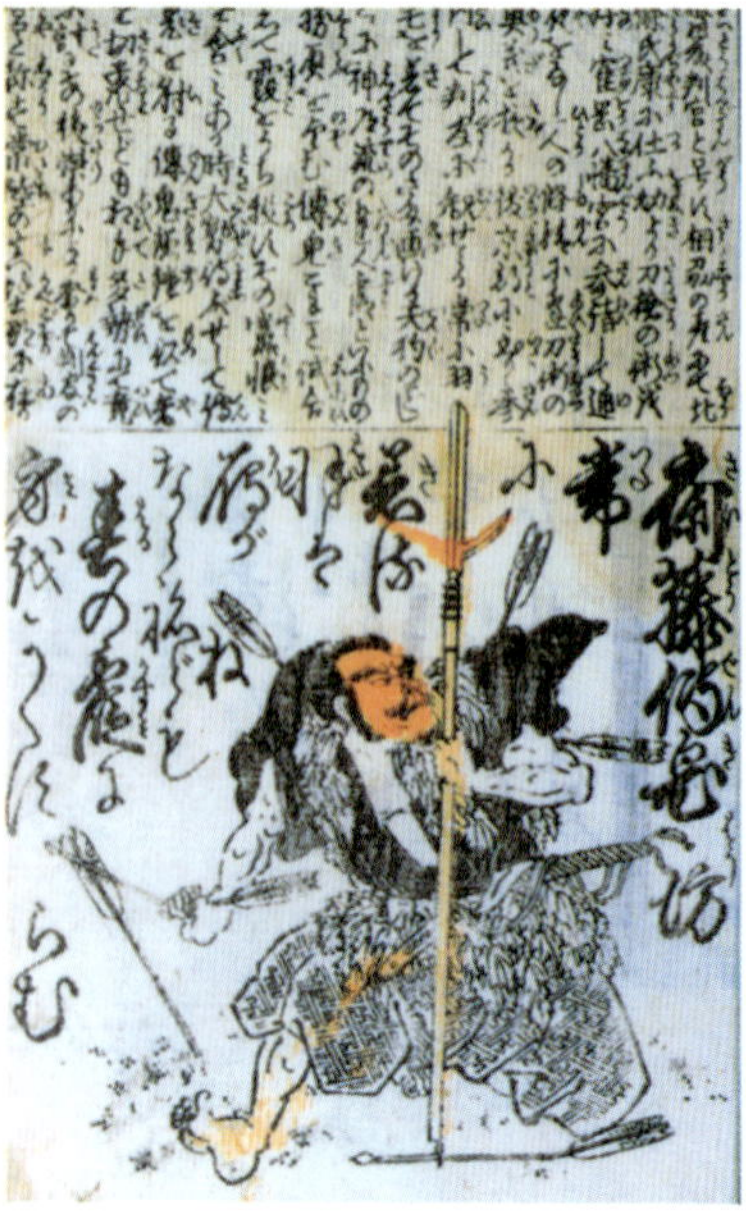

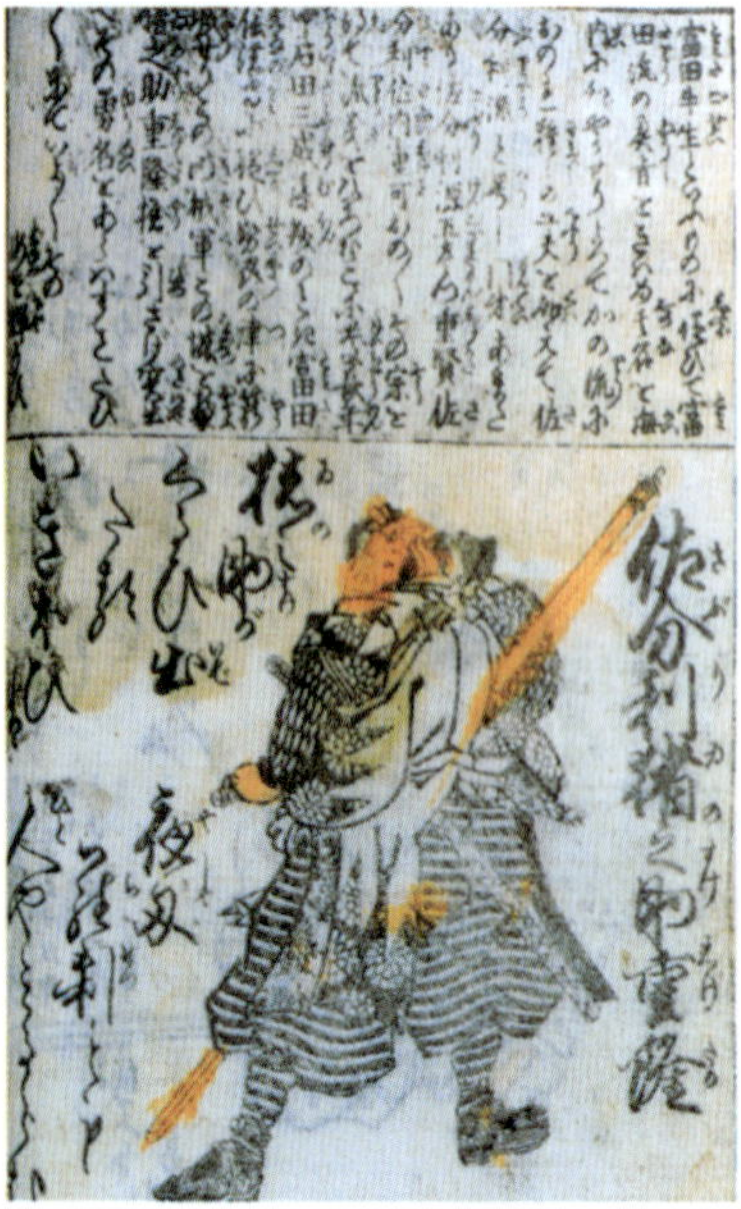

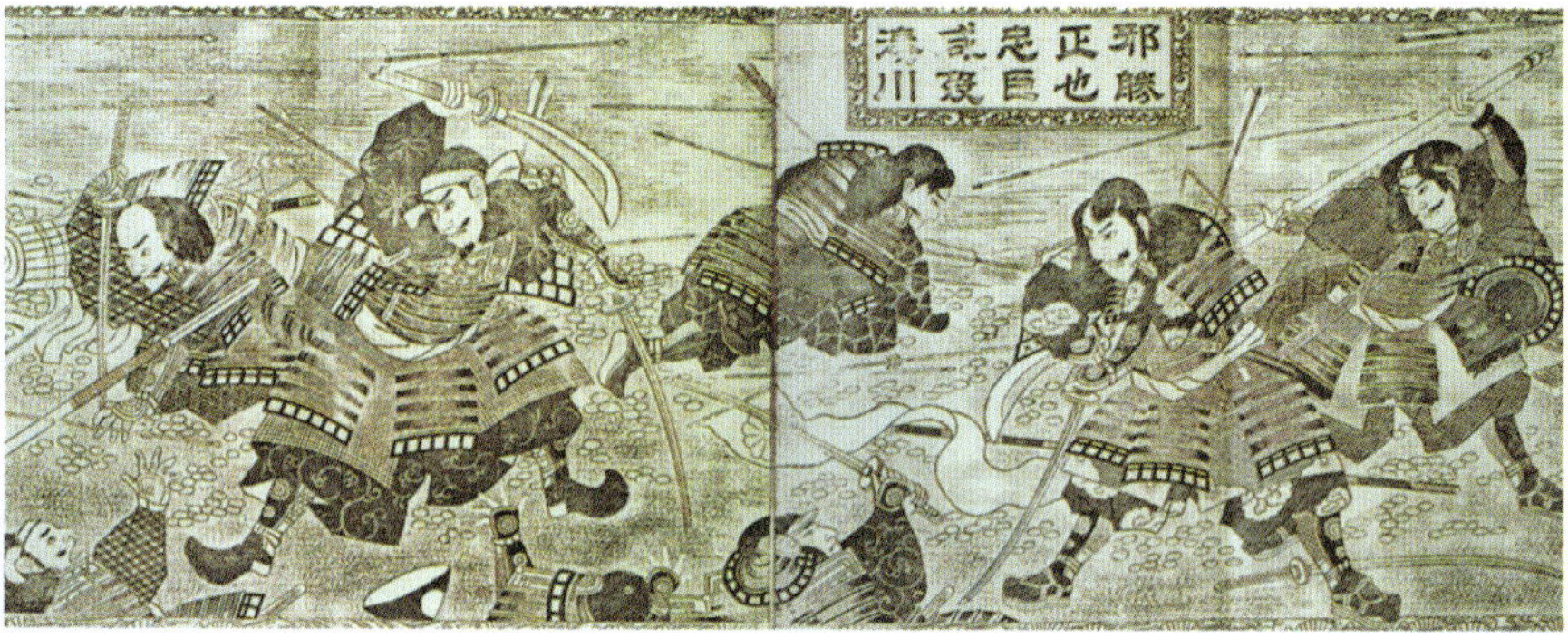
邪勝正也
忠臣戦歿湊川

戦乱に変遷せる国々

元暦元年公武沿革圖
後鳥羽院

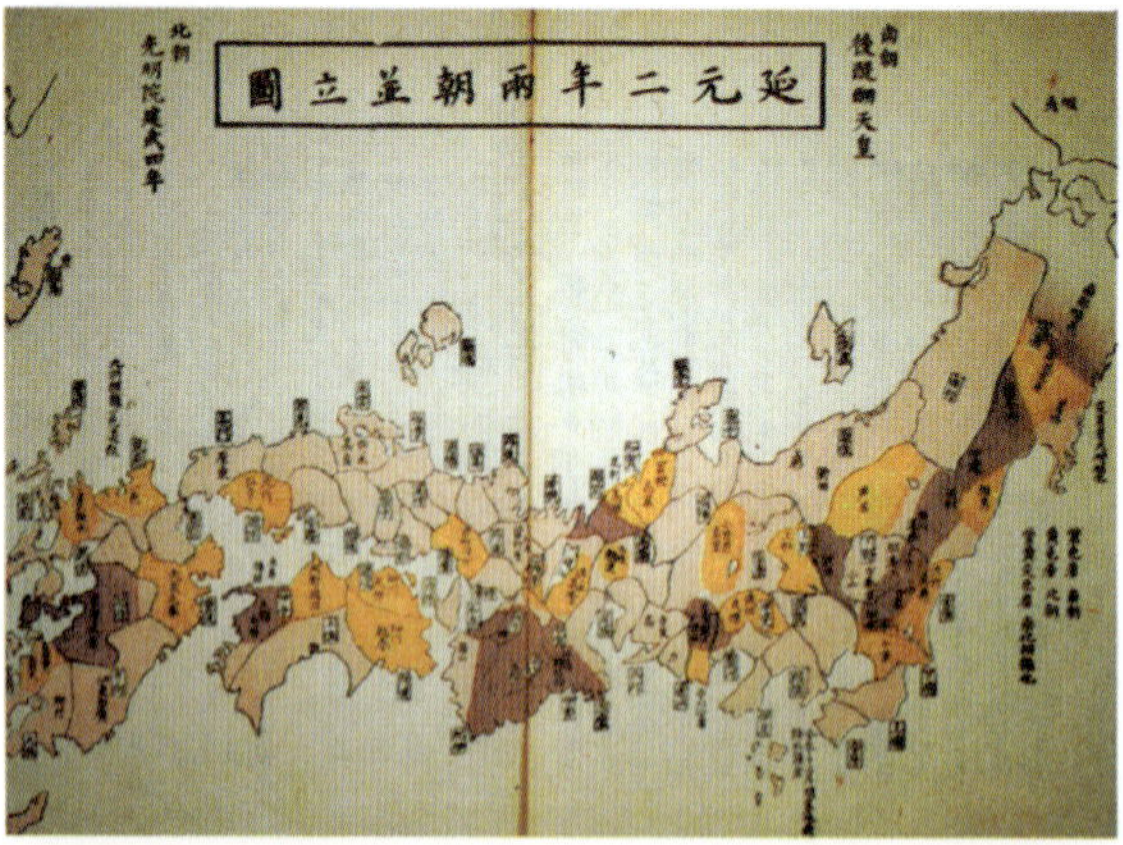
延元二年両朝並立圖
南朝 後醍醐天皇
北朝 光明院建武四年

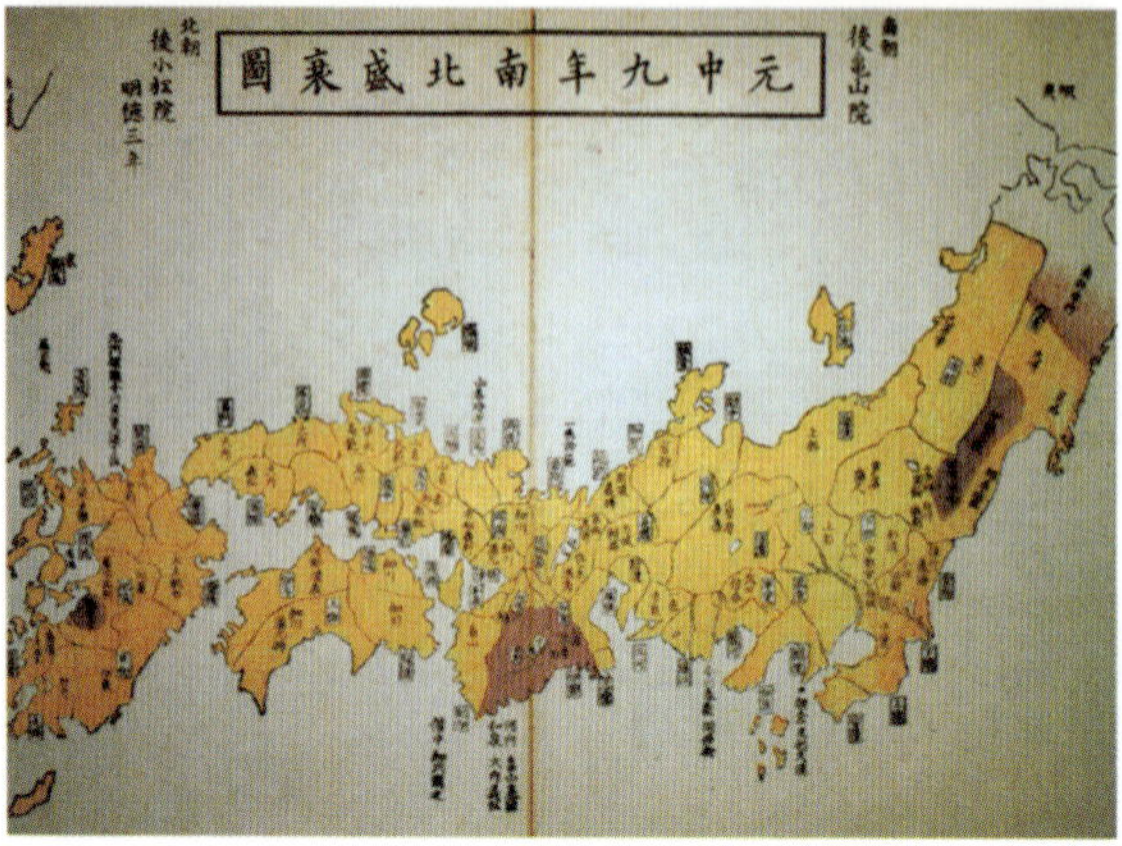
元中九年南北盛衰圖
南朝 後亀山院
北朝 後小松院 明徳三年

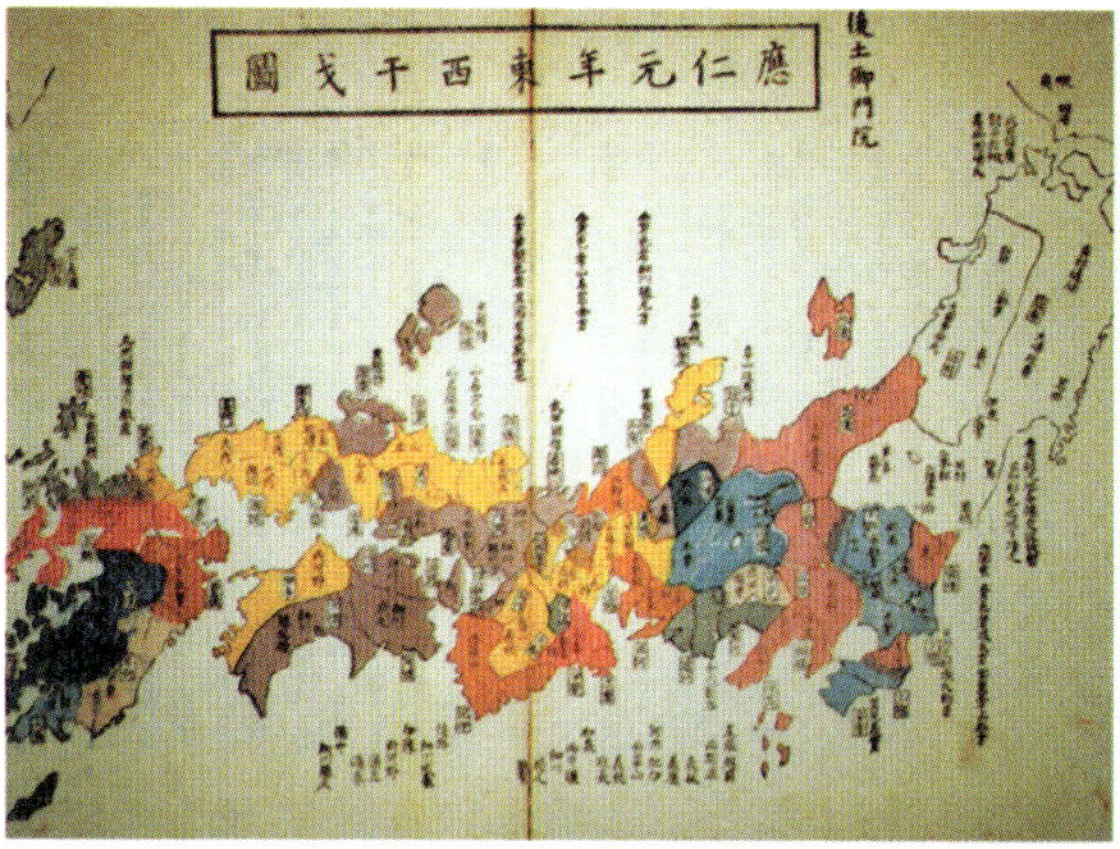
應仁元年東西干戈圖
後土御門院

永正六年兩營二川分爭圖
後柏原院

弘治二年列國割據圖
後奈良院

永祿十一年足利更替圖

天正五年雄傑争衡圖

天正十年平氏全盛圖

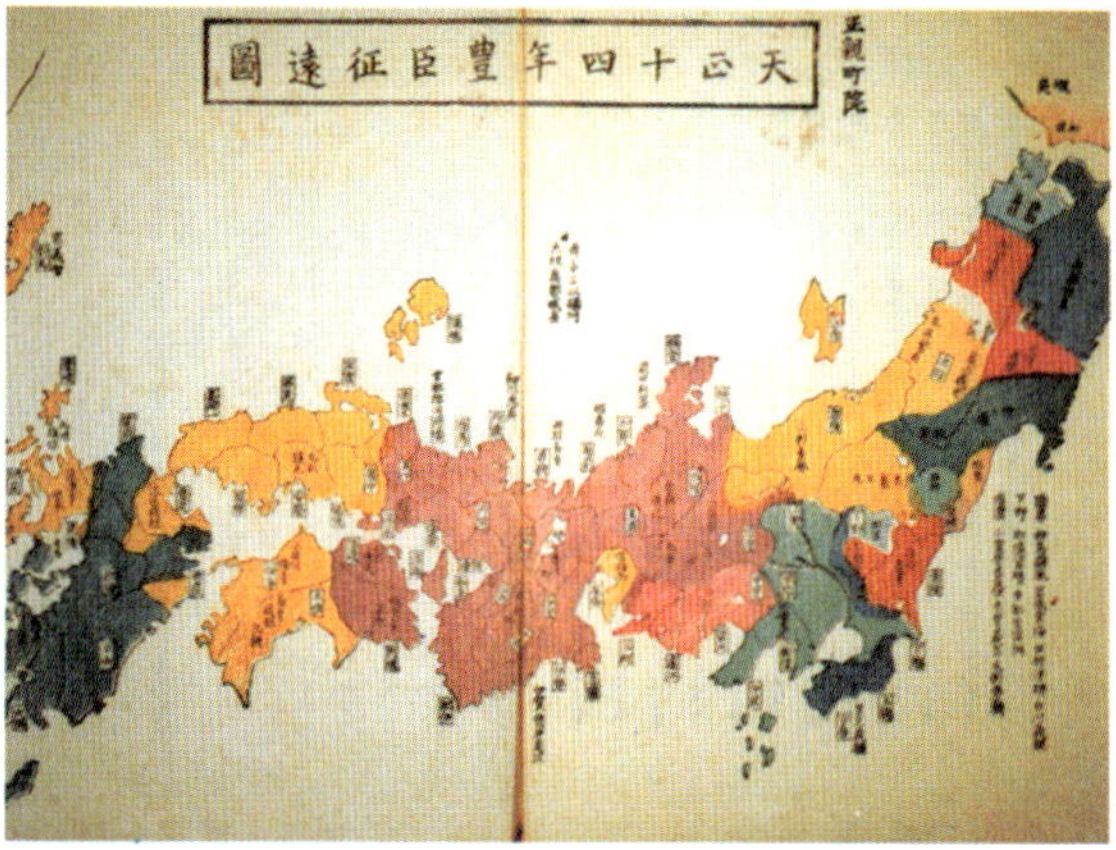
天正十四年豐臣征遠圖

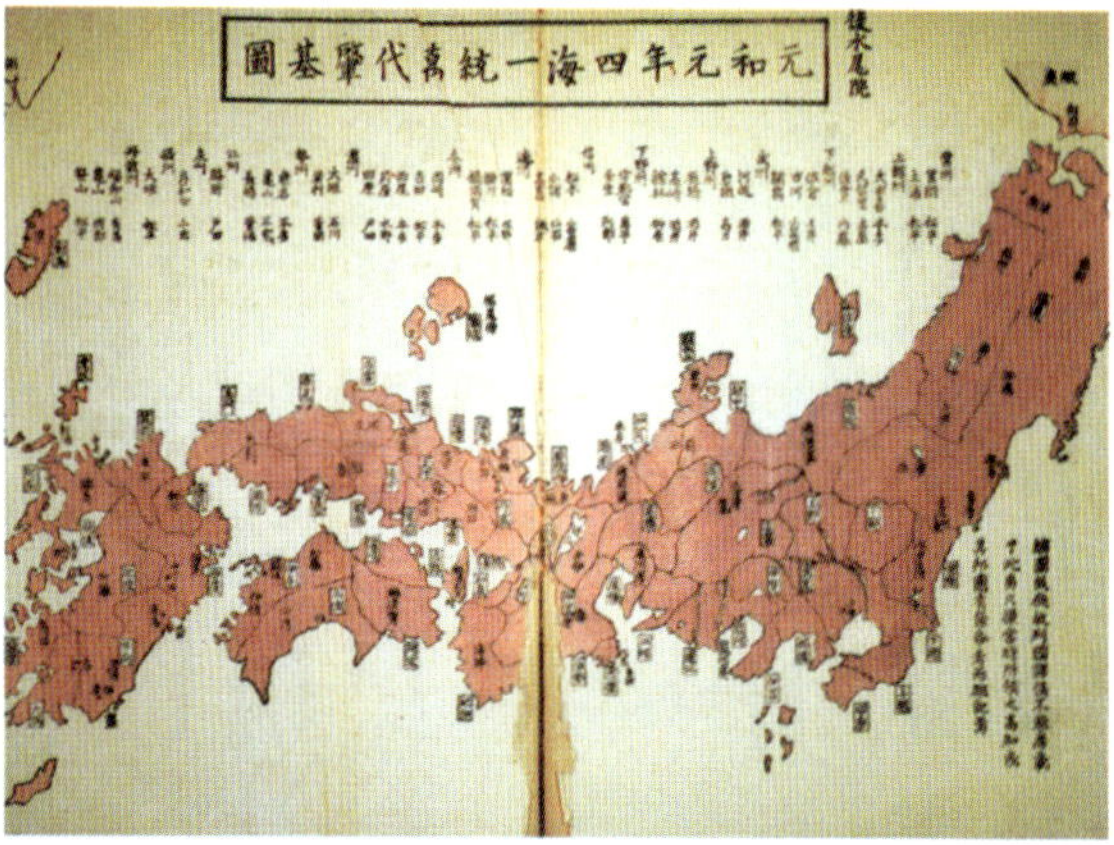
元和元年四海一統萬代肇基圖

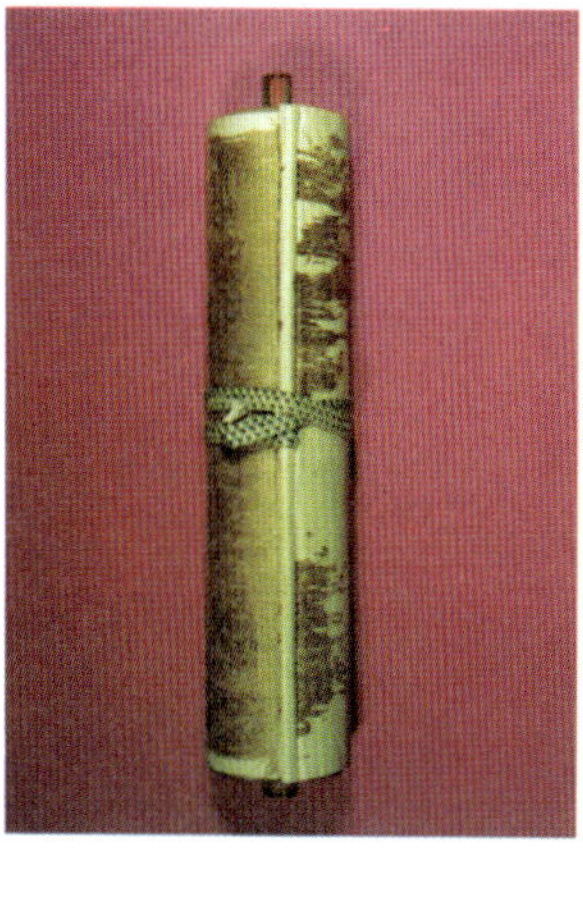

佐分利槍術絵巻秘巻

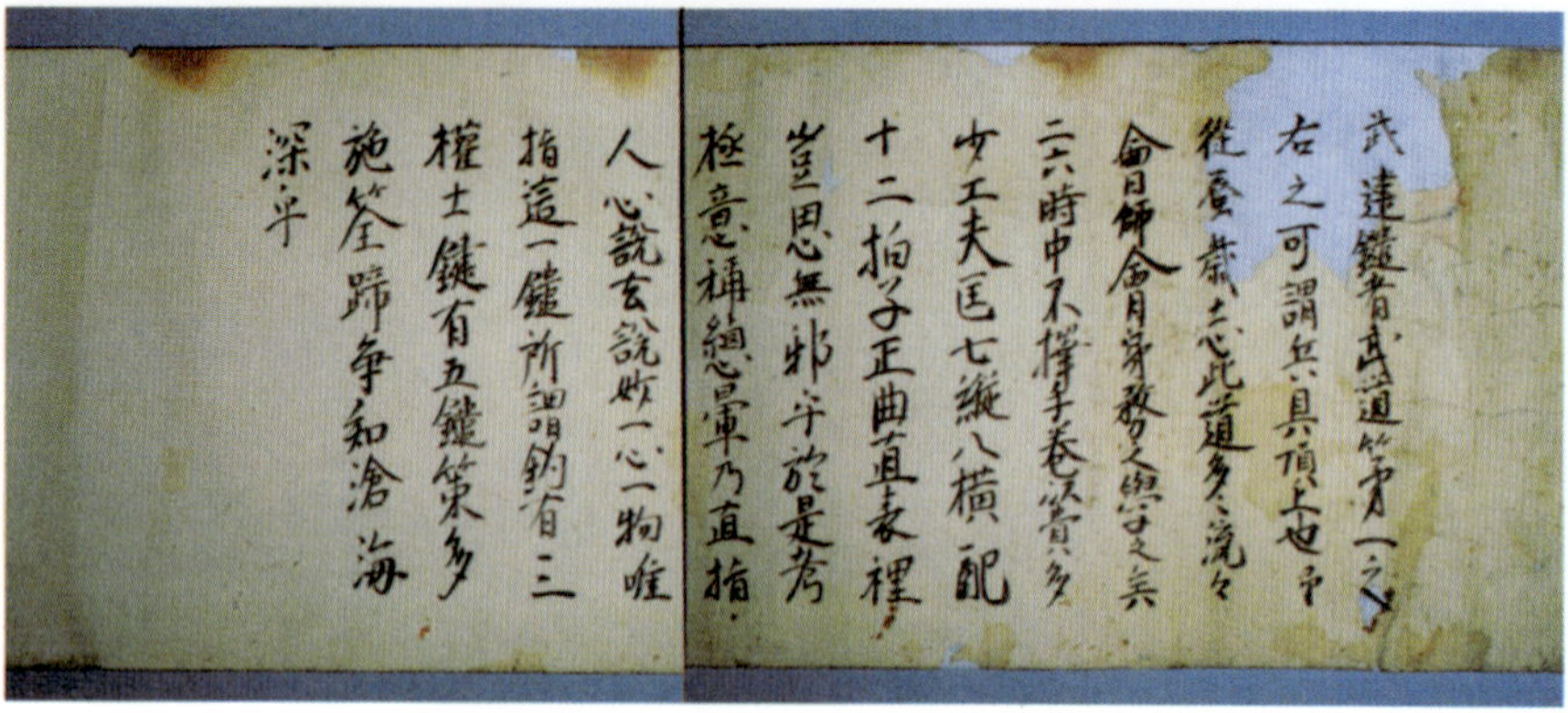
武達鑓者武道第一之
右之可謂兵〻具頂上也乎
従晝歳〻忘此道多〻流々
會日師會月穿務之與學之兵
二六時中不擇手巻以習〻多
女工夫匠七縦八横配
十二柏子正曲直表裡
豈思無非乎於是考
極意補總量軍乃直指
人〻心說玄說妙一心一物唯
指這一鑓所謂鉤有三
權士鑓有五鑓策多
施筌蹄爭知滄海
深乎

水月

思無邪

高行

左々波

前之移

裏之移

下段之形

乗り

順

逆

半還

留

車飛志
体之身陽精劔

劔之身陽精劔

太刀逢

佐分利楢之助
佐分利兵太右衛門金蔵
佐分利楢之助
佐分利源内
佐分利九内
享和壬戌年青
清泉逸平
野上次郎左衛門

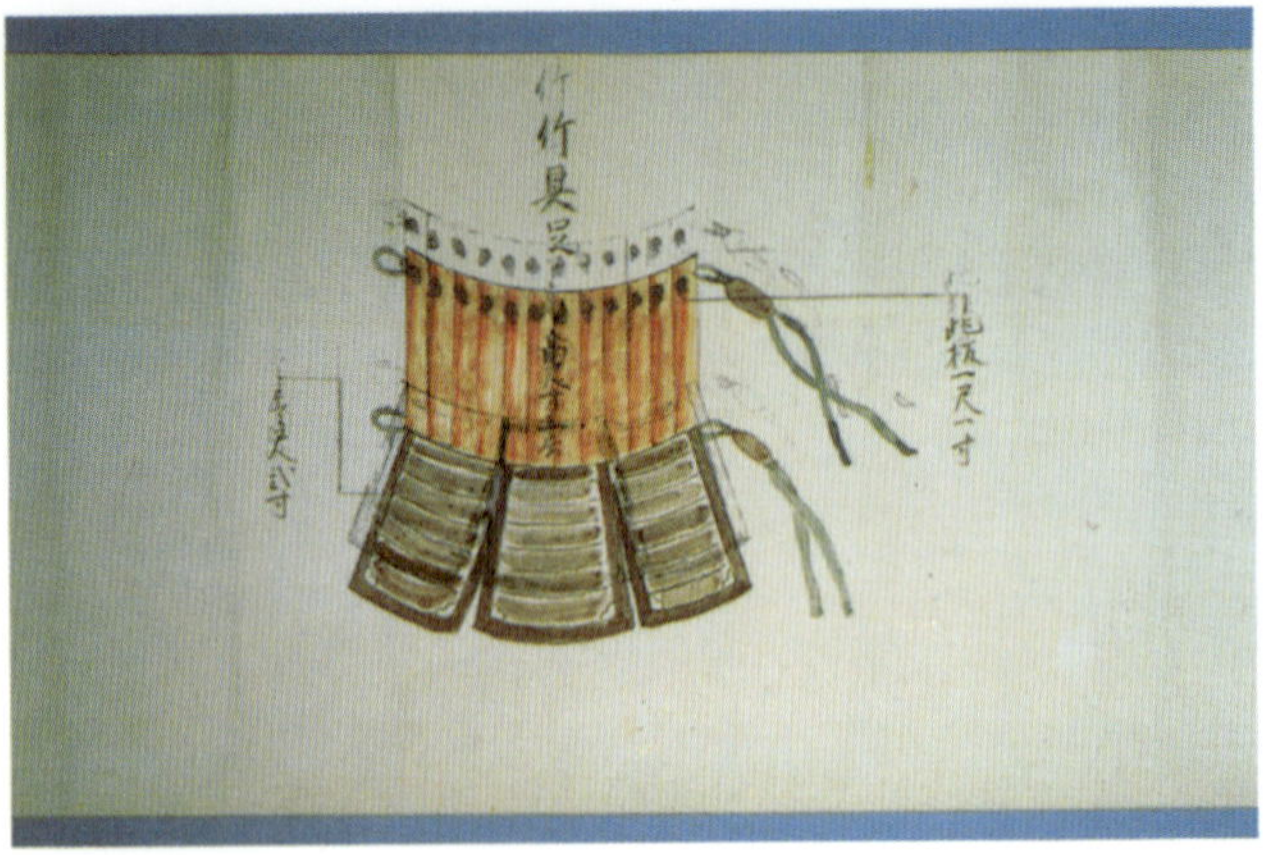

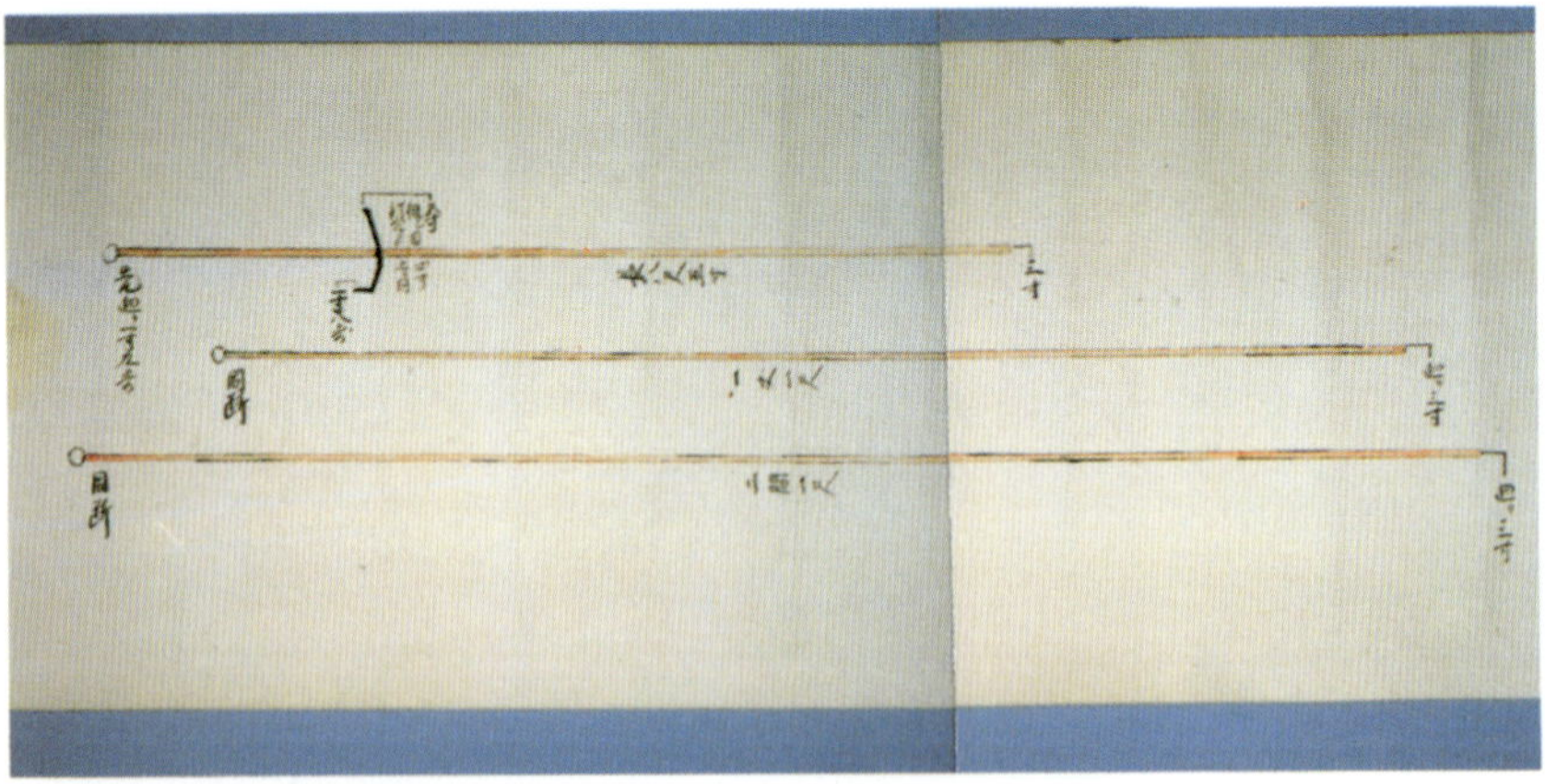

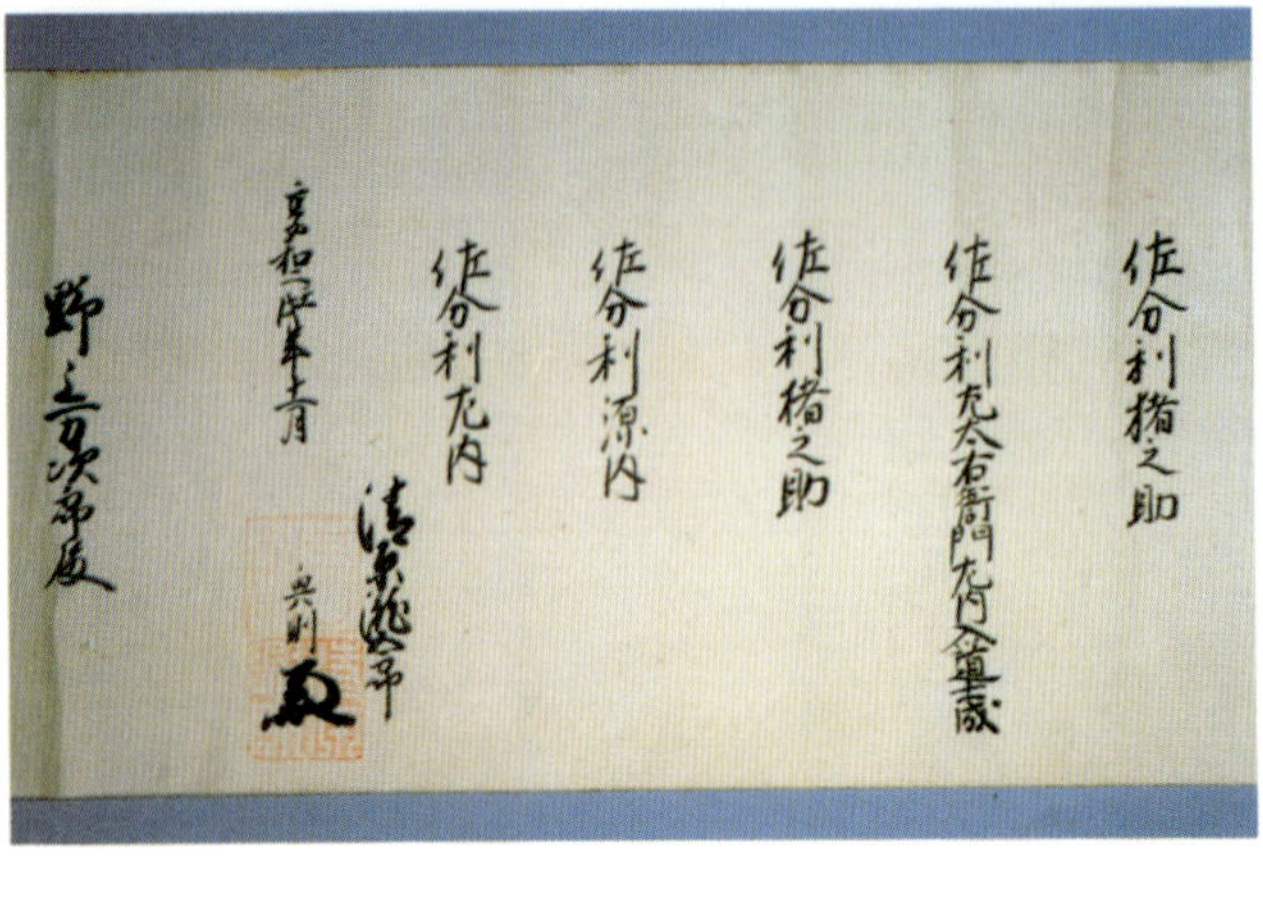

無辺無極流槍術秘巻

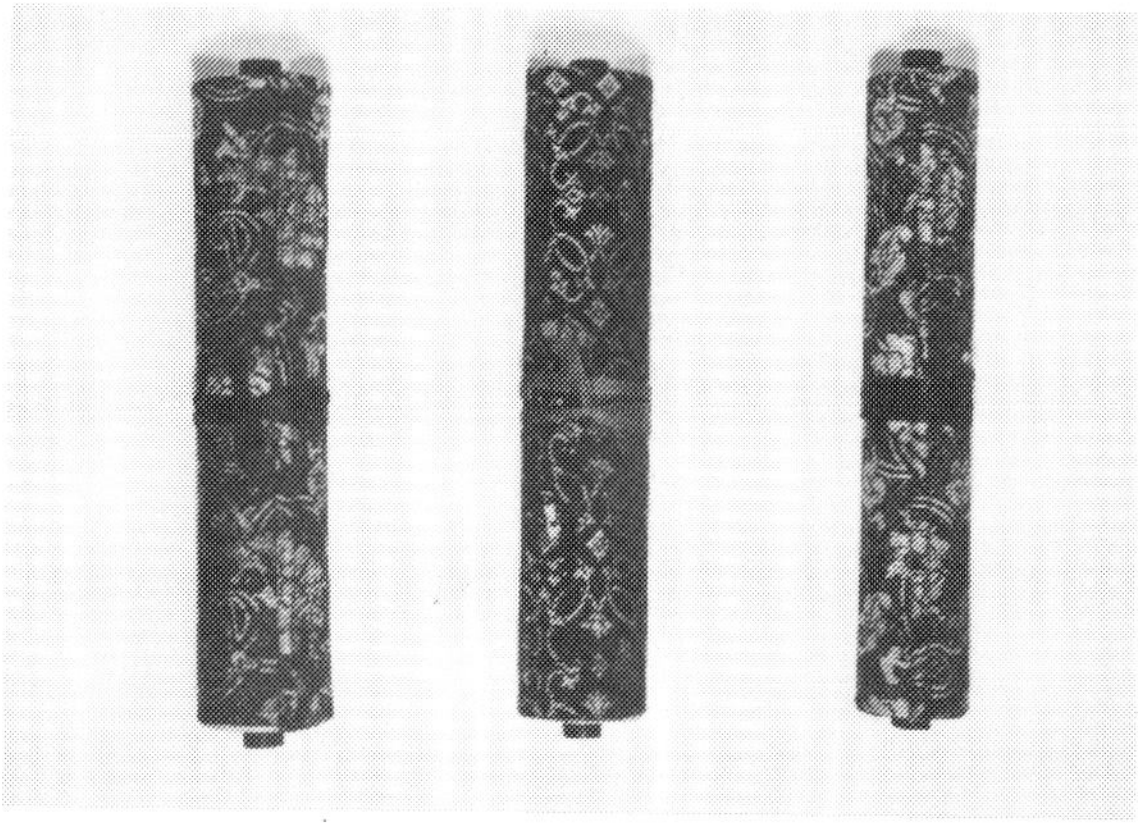

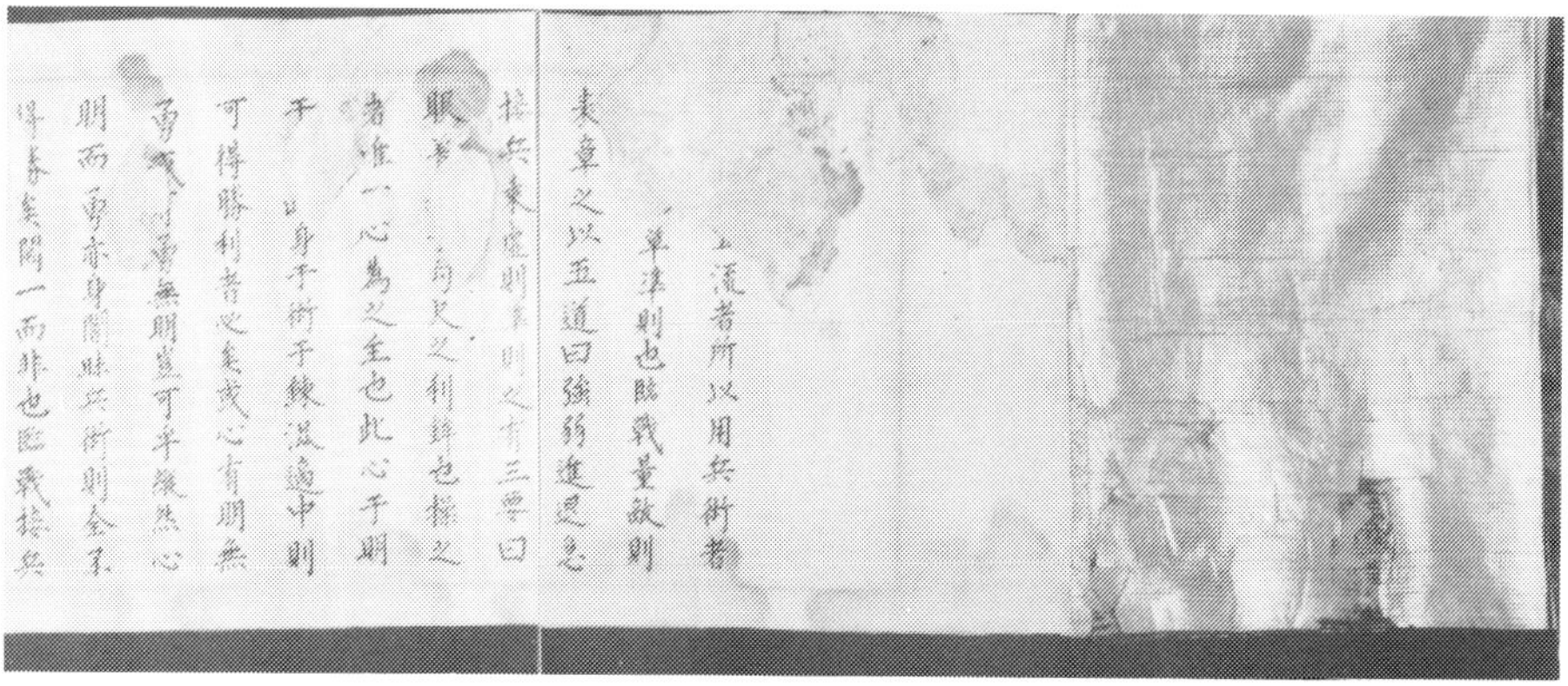

上流者所以用兵術者
草津則也臨戦量敵則
夫章之以五道曰強弱進退急
操兵東定則見明之有三要曰
眼手 句足之利鉾也操之
者唯一心為之主也此心手明
手 以身手術手錬涵適中則
可得勝利者必先戒心有明無
勇 可勇無明豈可平很然心
明而勇亦身闇昧兵術則全不
得奏矣闘一而非也臨戦操兵

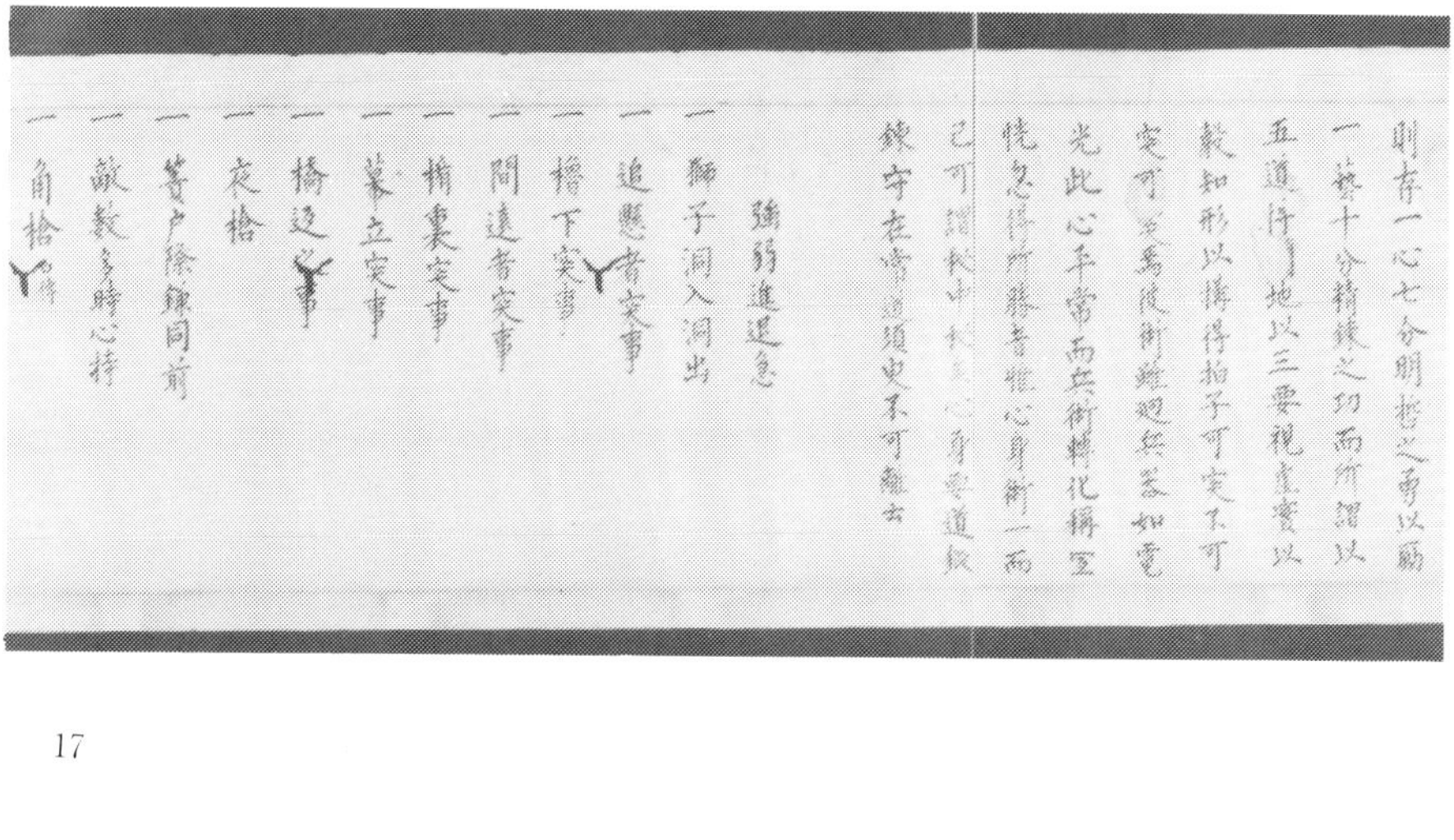

則存一心七分明哲之勇以励
一藝十分精錬之功而所謂以
五道得 地以三要視虚實以
敵知形以搏得拍子可定不可
定可 焉復術雖廻兵器如電
光此心手常而兵術轉化稱至
恍忽得所勝者惟心身術一而
已可謂秘中秘 心身要道叙
錬守在常道須臾不可離去

強弱進退急
一 獅子洞入洞出
一 追懸者突事
一 擡下突事
一 間遠者突事
一 捕裏突事
一 幕立突事
一 揚返之事
一 夜搶
一 箸戸保錬同前
一 敵教多時心持
一 角搶

一柄中十文字〻〔内〕
一振物事
一懸物事
一無刀捨事
切而〔挺〕位捨
一真捨
一前見越
一草捨
一六重
一三
一句尺割殺 生 眼着 當先先先〔浅〕 十月
残次第
一卷返
一所
一裏
一三越
一抜
一捻
一提懸
一持合
一卜合
一眼着

一高上
一長鉞
長刀
一先勝
一七重
一横一文字
十文字
一入懸
一撃懸
一亘懸
一拍子懸
留捨太刀
一虎乱
一金胎
突手五之事
一〔逆〕〔中〕
一引定
一二之拳
一間障子
一筋違切
雑物之事

右此大事雖堅秘之依連年被
稽古抽精錬而不得已令傳授
焉拳家眼膚而可也望哉則非
啻不破身體視敵兵器動静察
虚實則宜知所中知所中則豈
不可得勝利于千金莫傳用心
甑錬甑錬仍如件

○山本無邊入道
宗久
同 作内助
家久
同 加兵衛
久茂
同 加兵衛
久明

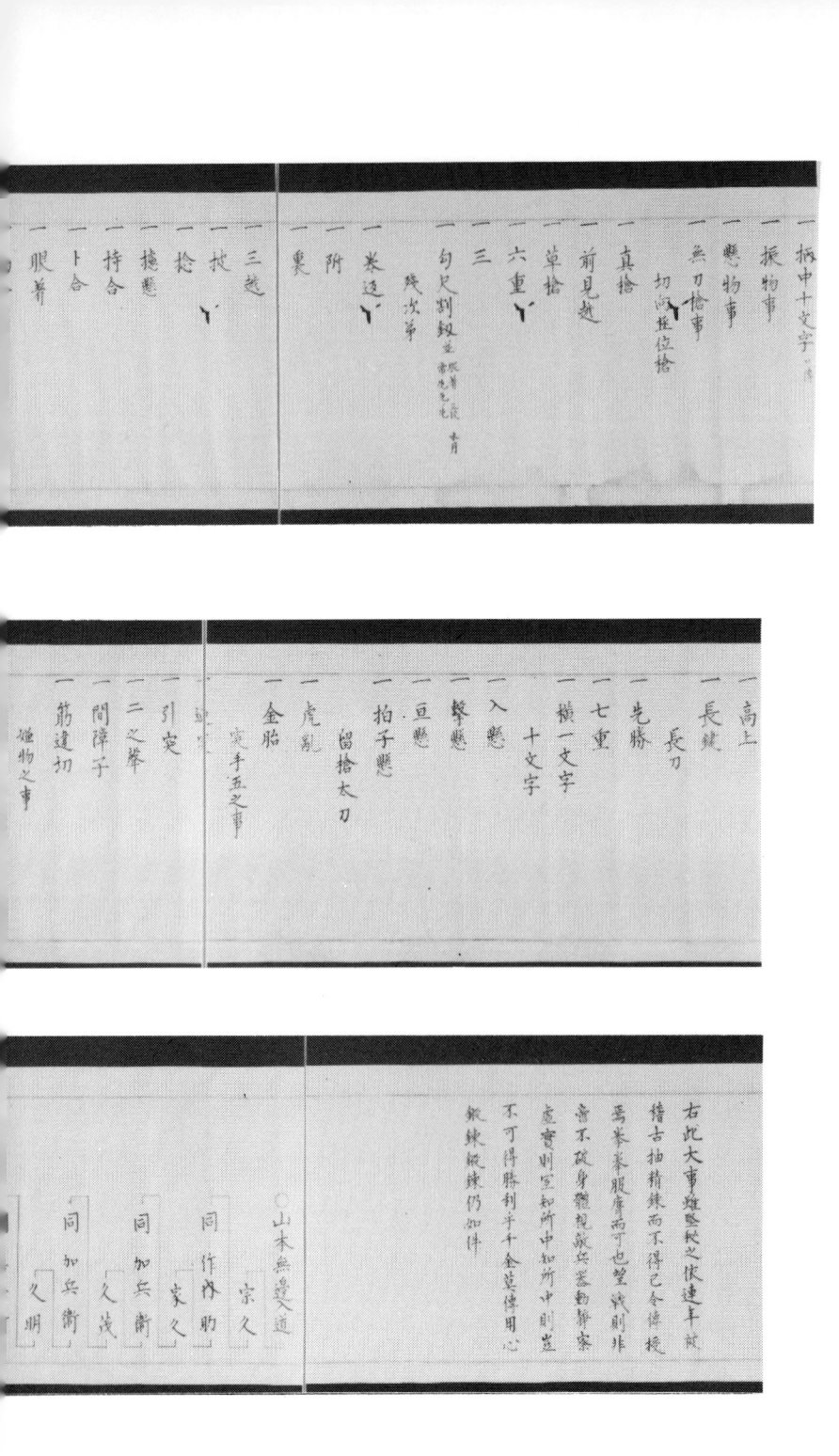

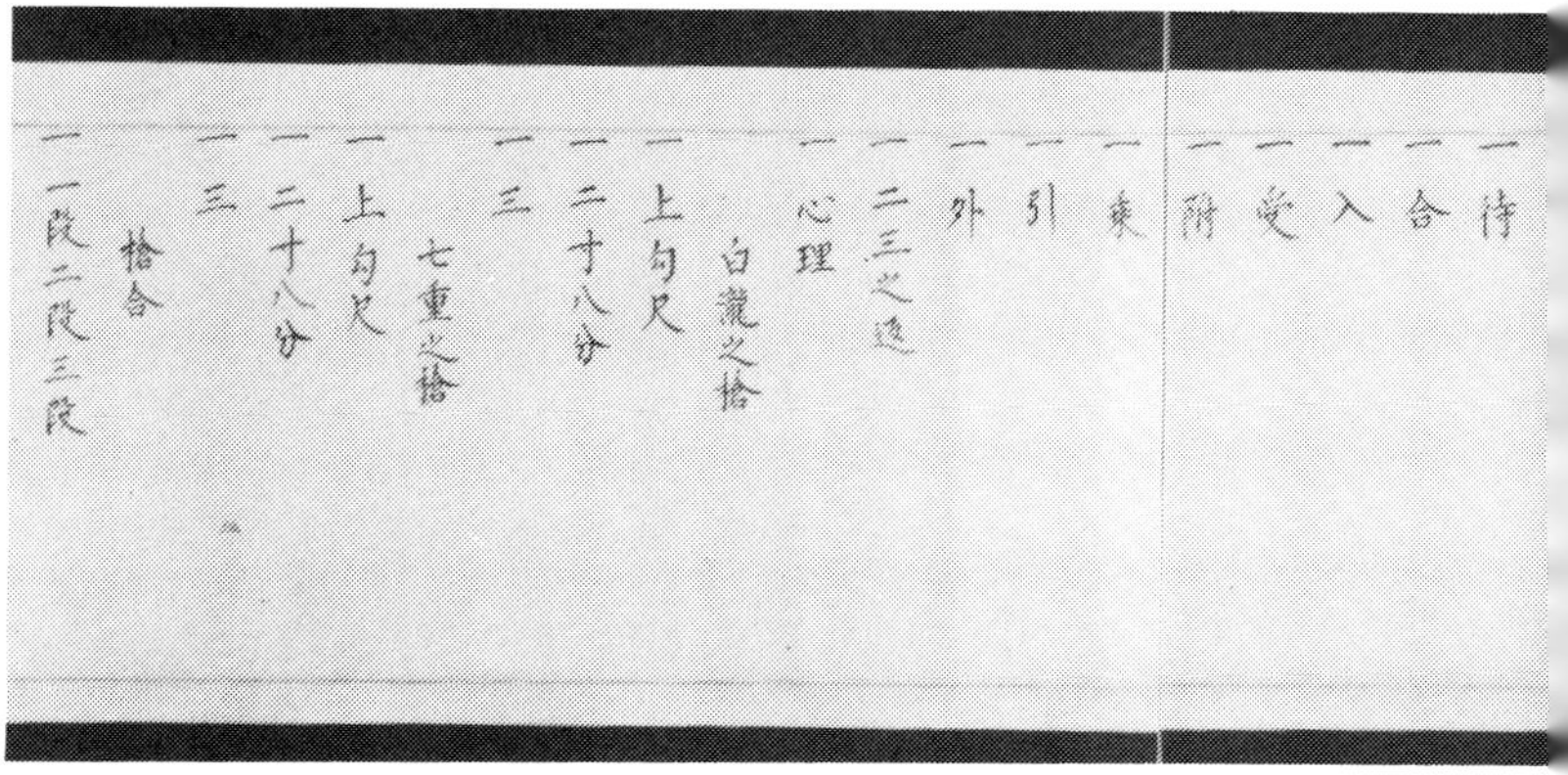

一 侍
一 合
一 入
一 受
一 附
一 束
一 引
一 外
一 二三之迄
一 心理
　白瀧之捨
一 上句尺
一 二十八分
一 三
　七重之捨
一 上句尺
一 二十八分
一 三
　捨合
一 一段二段三段

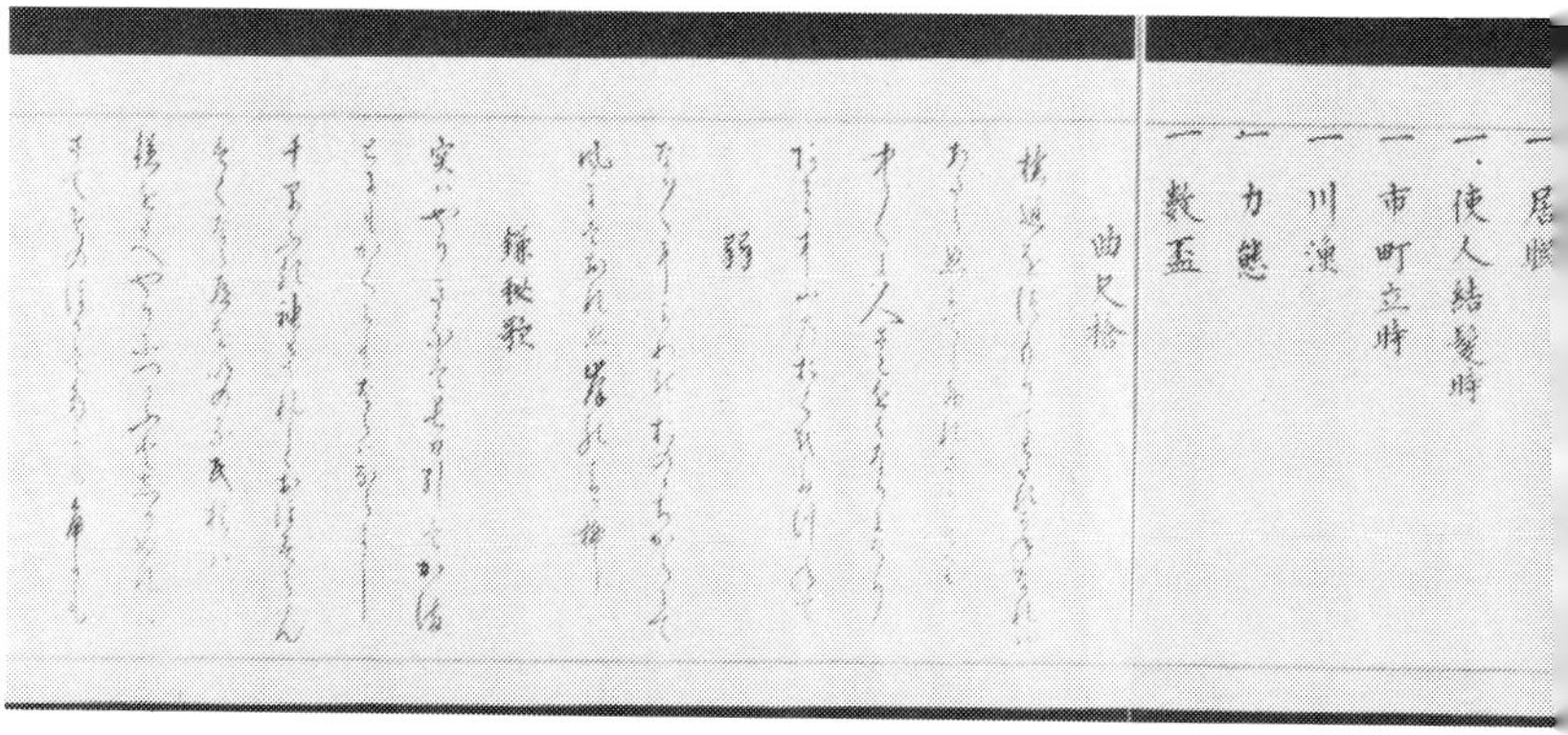

一 居
一 使人結髪時
一 市町立時
一 川渡
一 力態
一 数盃

曲尺捨

弱

稀秘歌

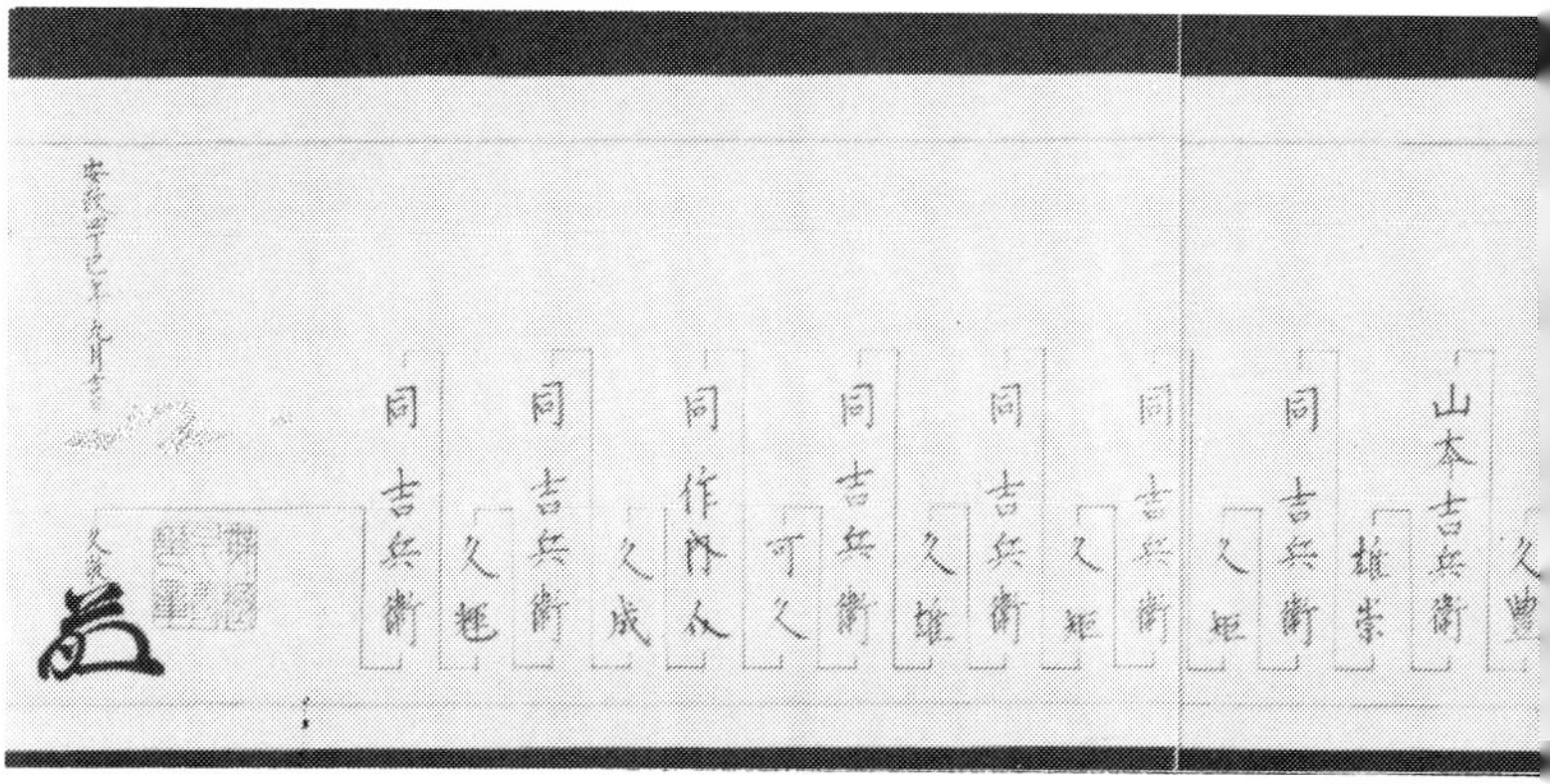

山本吉兵衛　雄宗
同 吉兵衛　久矩
同 吉兵衛　久矩
同 吉兵衛　久雄
同 吉兵衛　可久
同 作門人　久成
同 吉兵衛　久粃
同 吉兵衛

安永四乙未九月吉日

久成

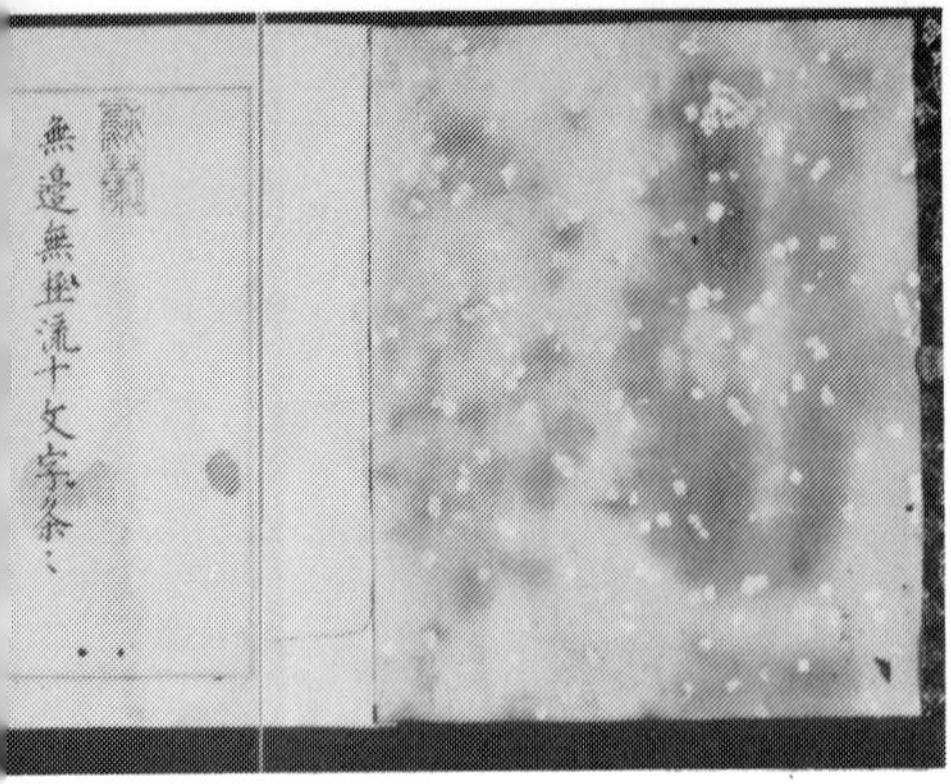
無邊無極流十文字条々

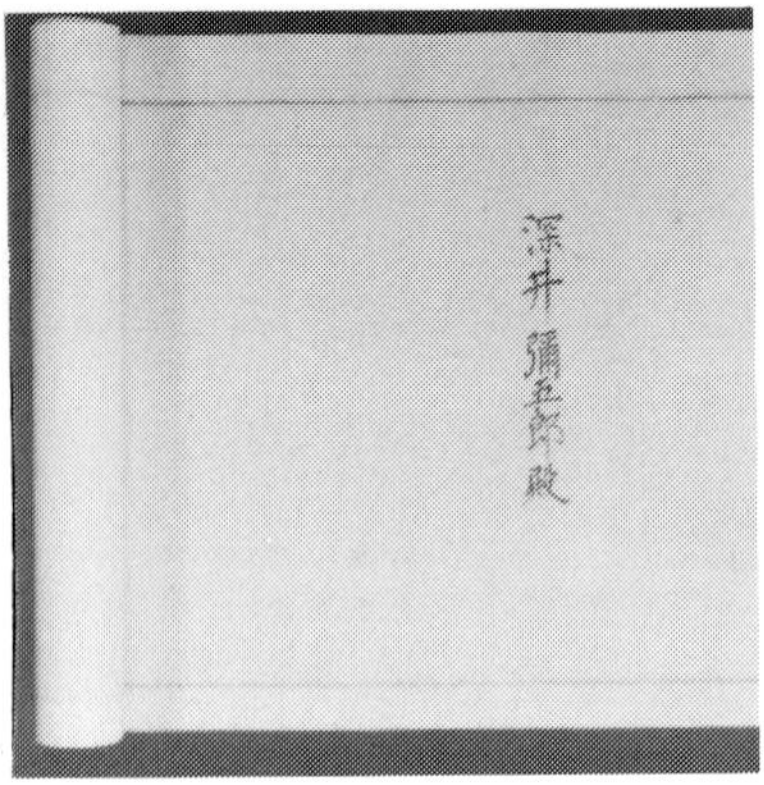
深井彌五郎殿

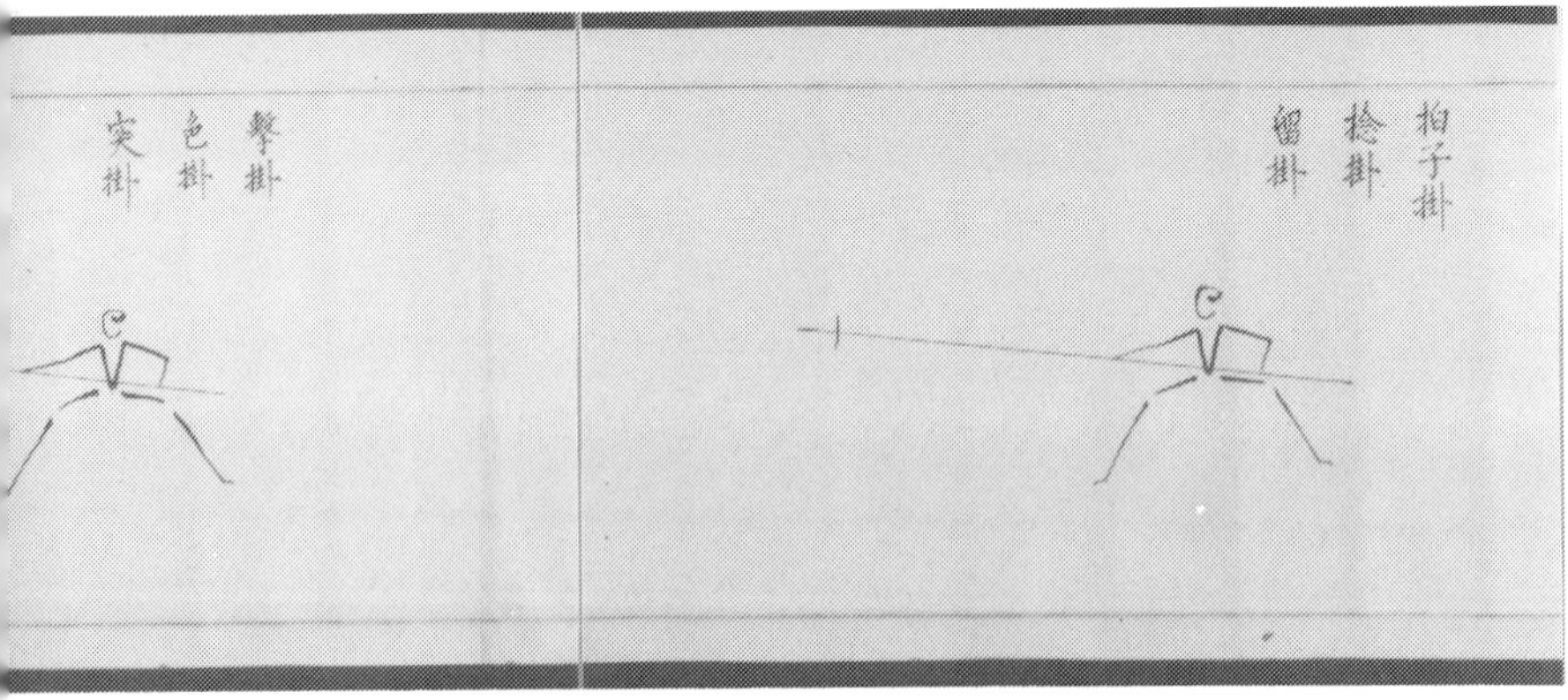
拍子掛
捻掛
留掛
撃掛
色掛
突掛

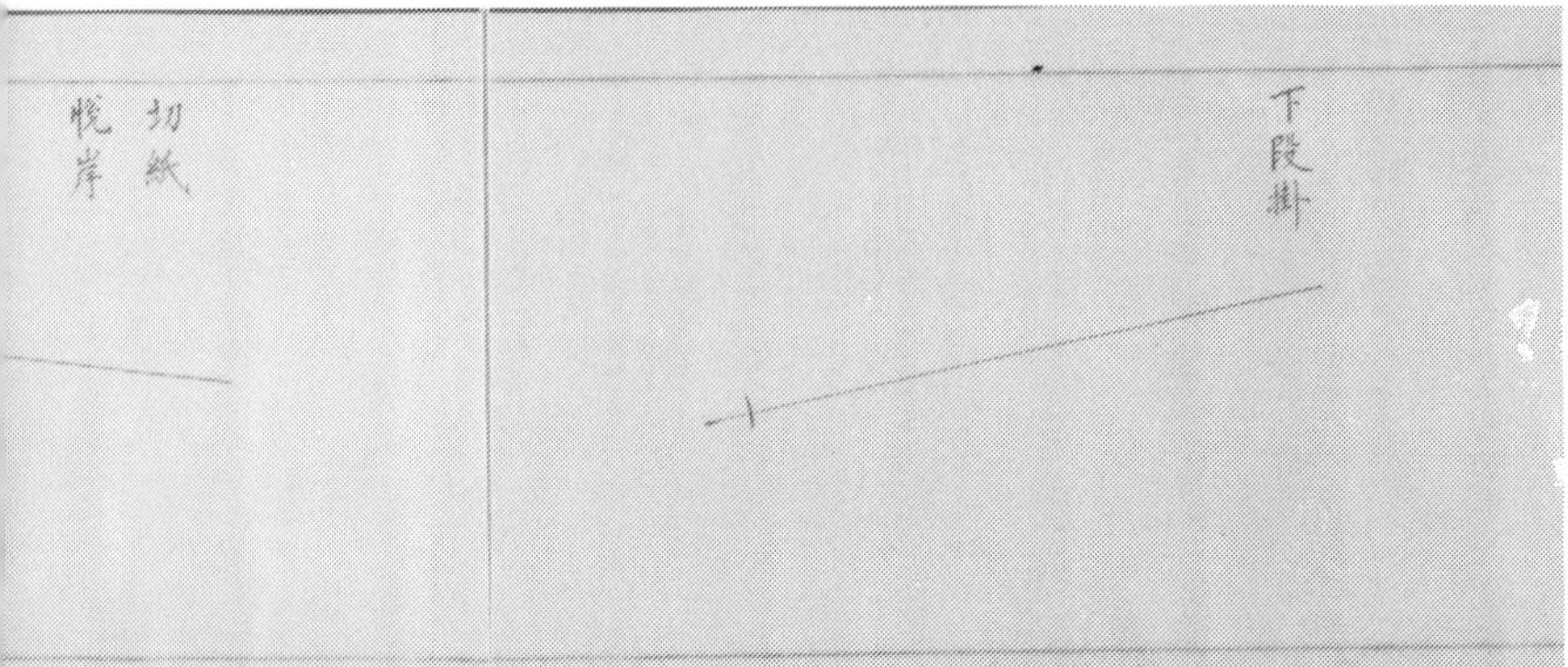
下段掛
切紙
悦岸

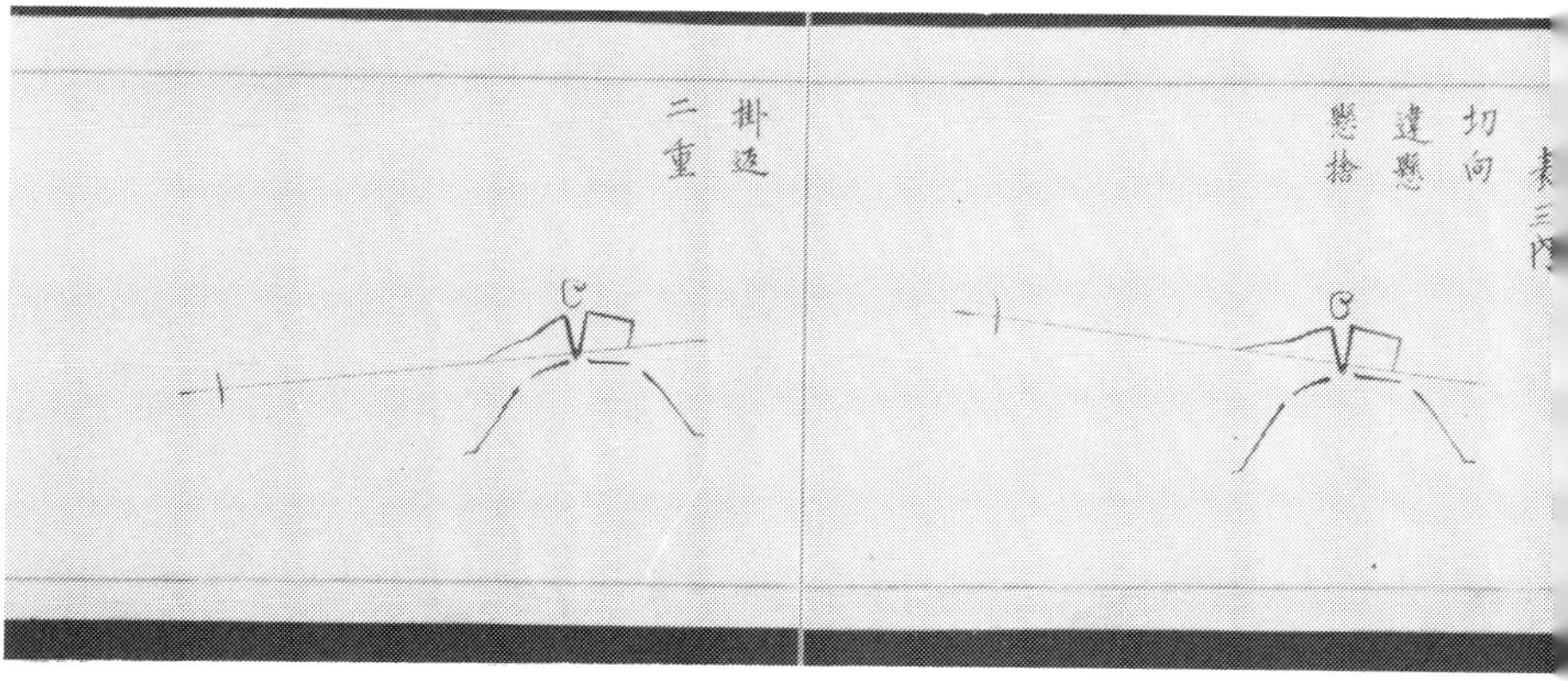
表三門
切向
違懸
懸捨
掛透
二重

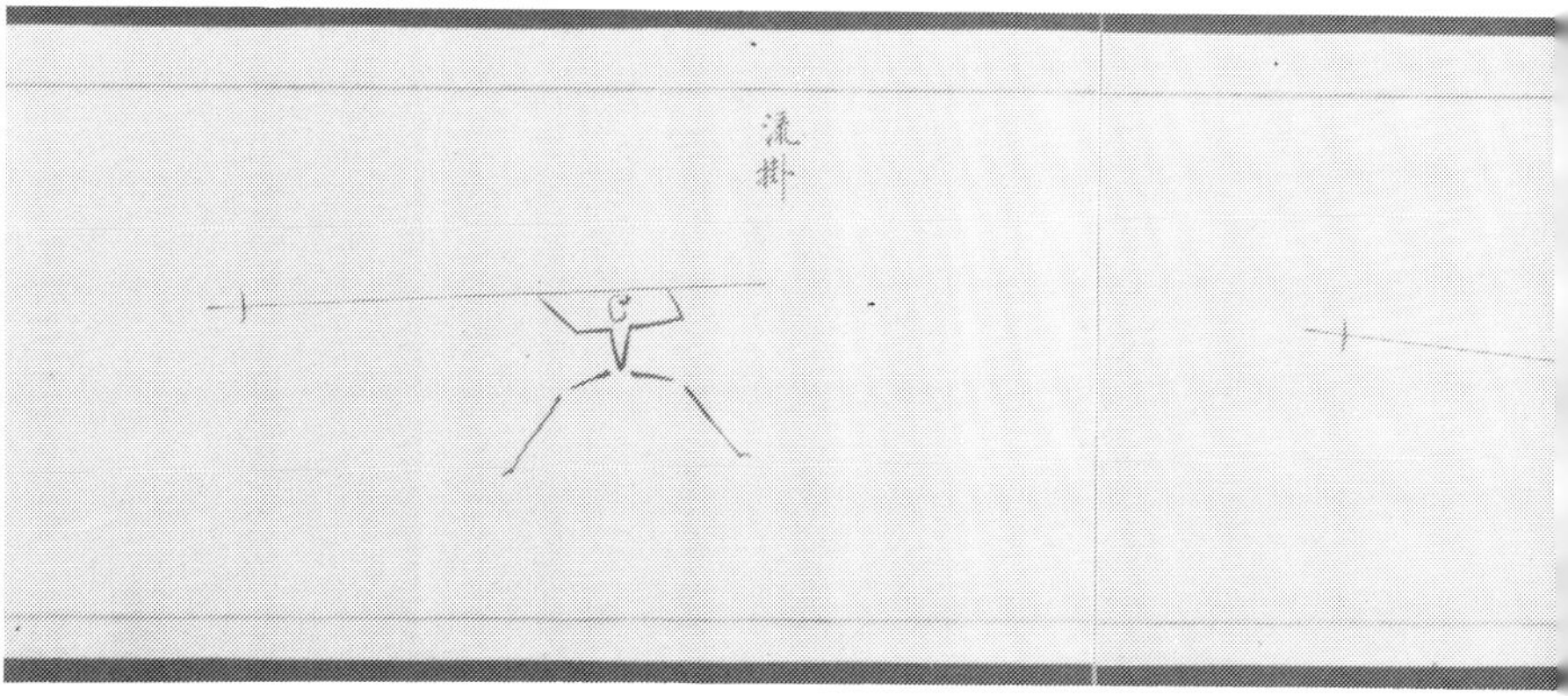
流掛

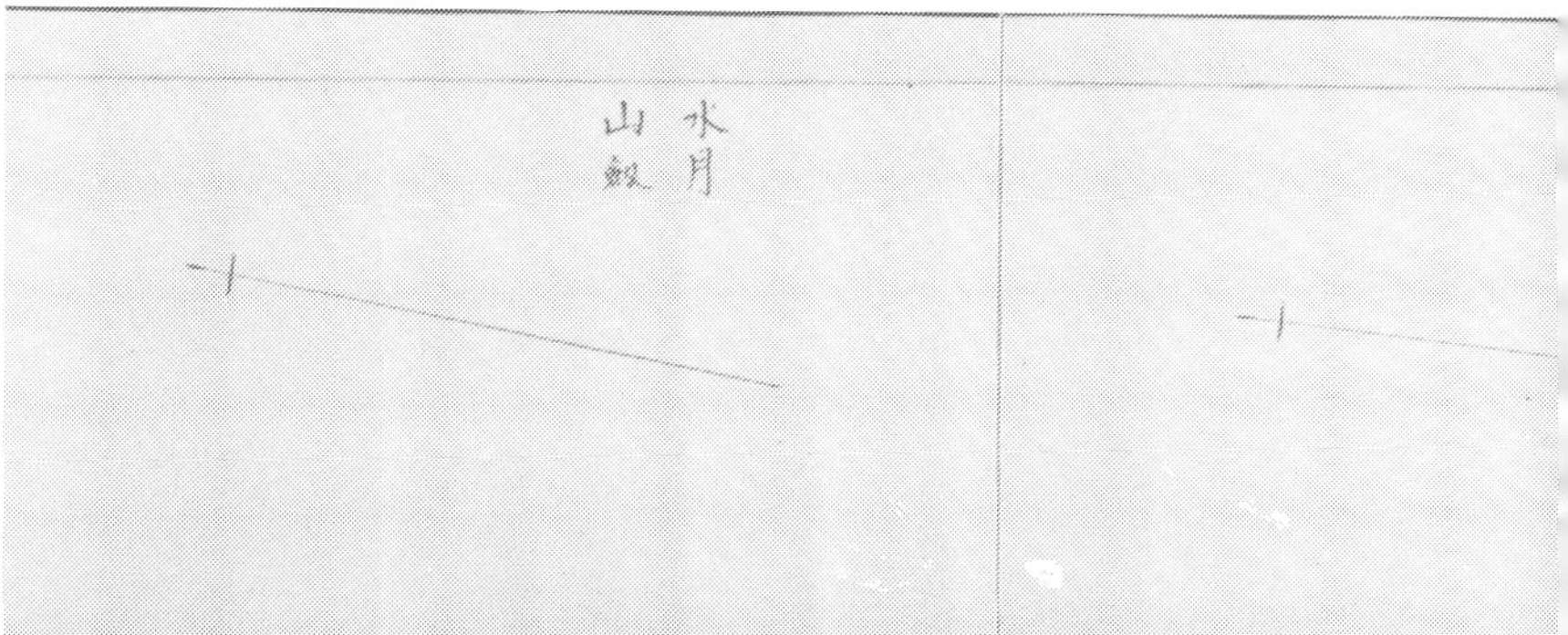
水月
山越

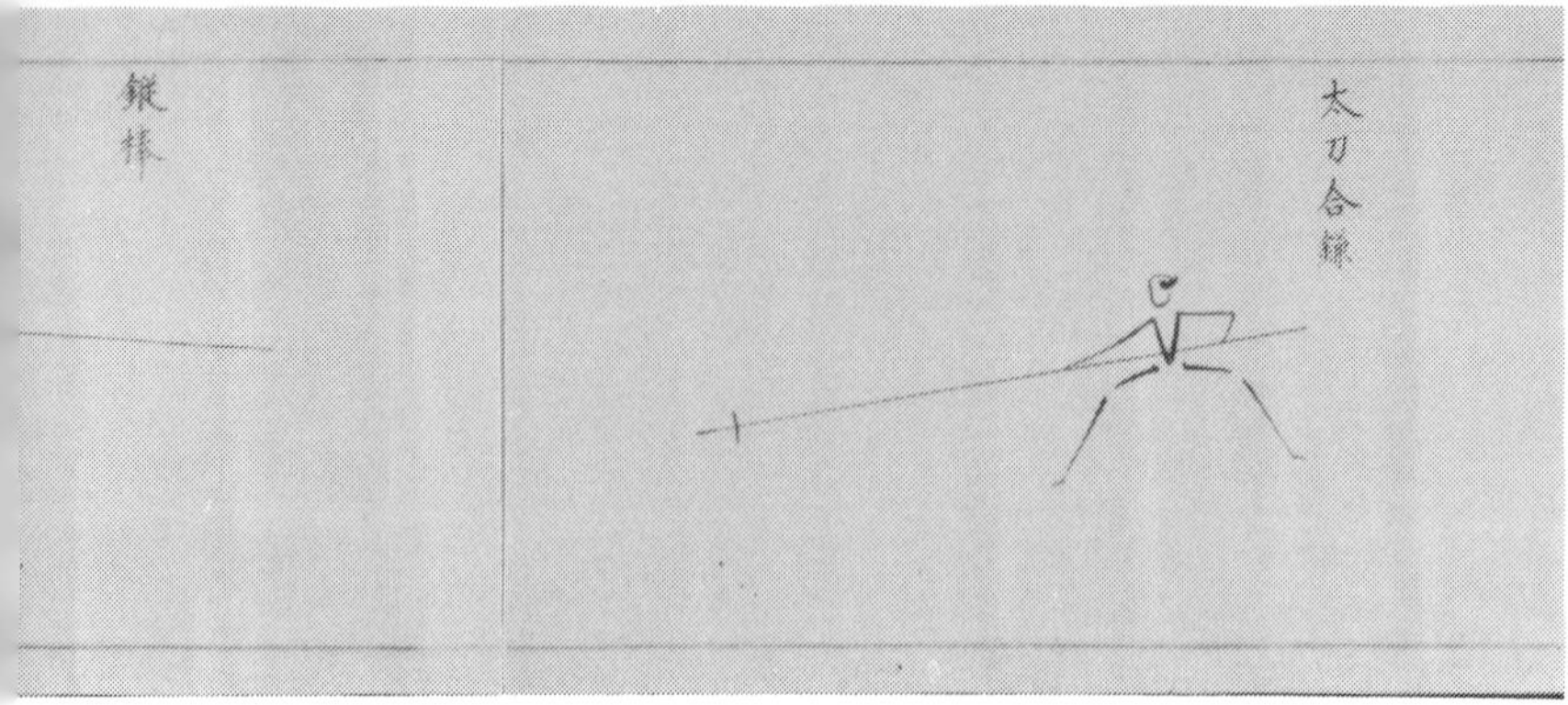
太刀合鎌
鎌棒

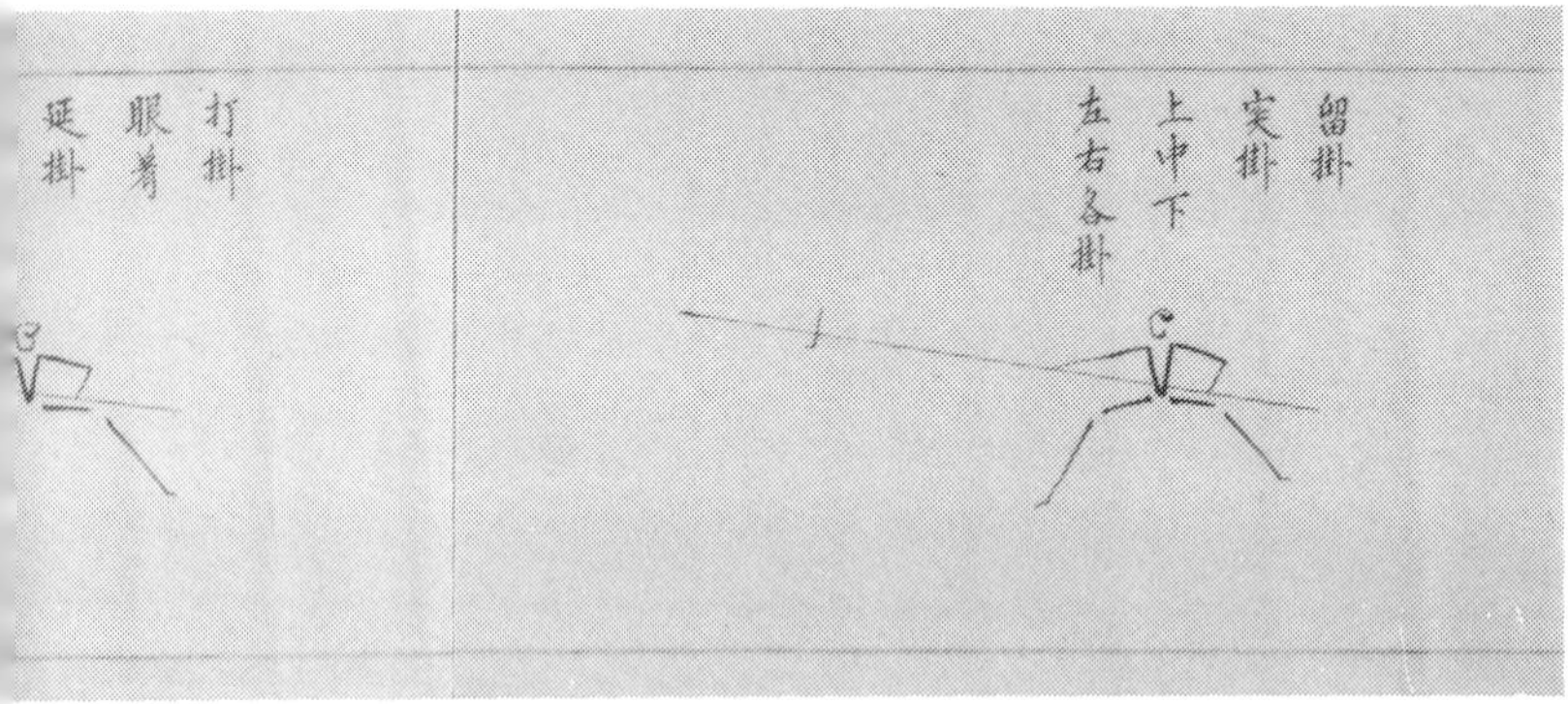
留掛
実掛
上中下
左右各掛
打掛
眼着
延掛

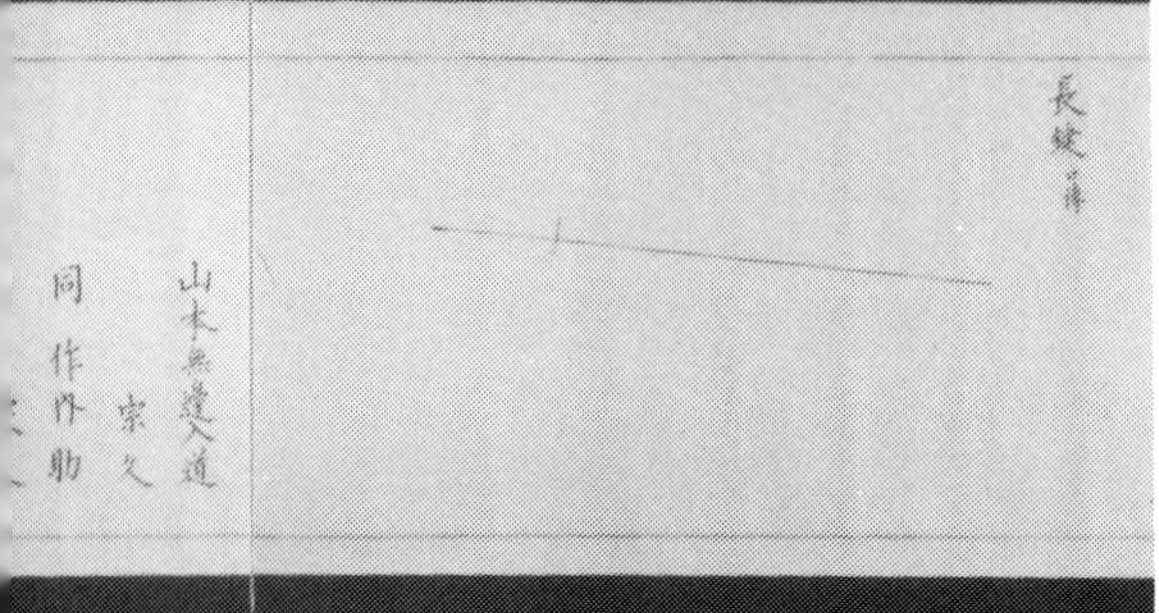
長鍵
山本無邊入道
宗久
同
作作助

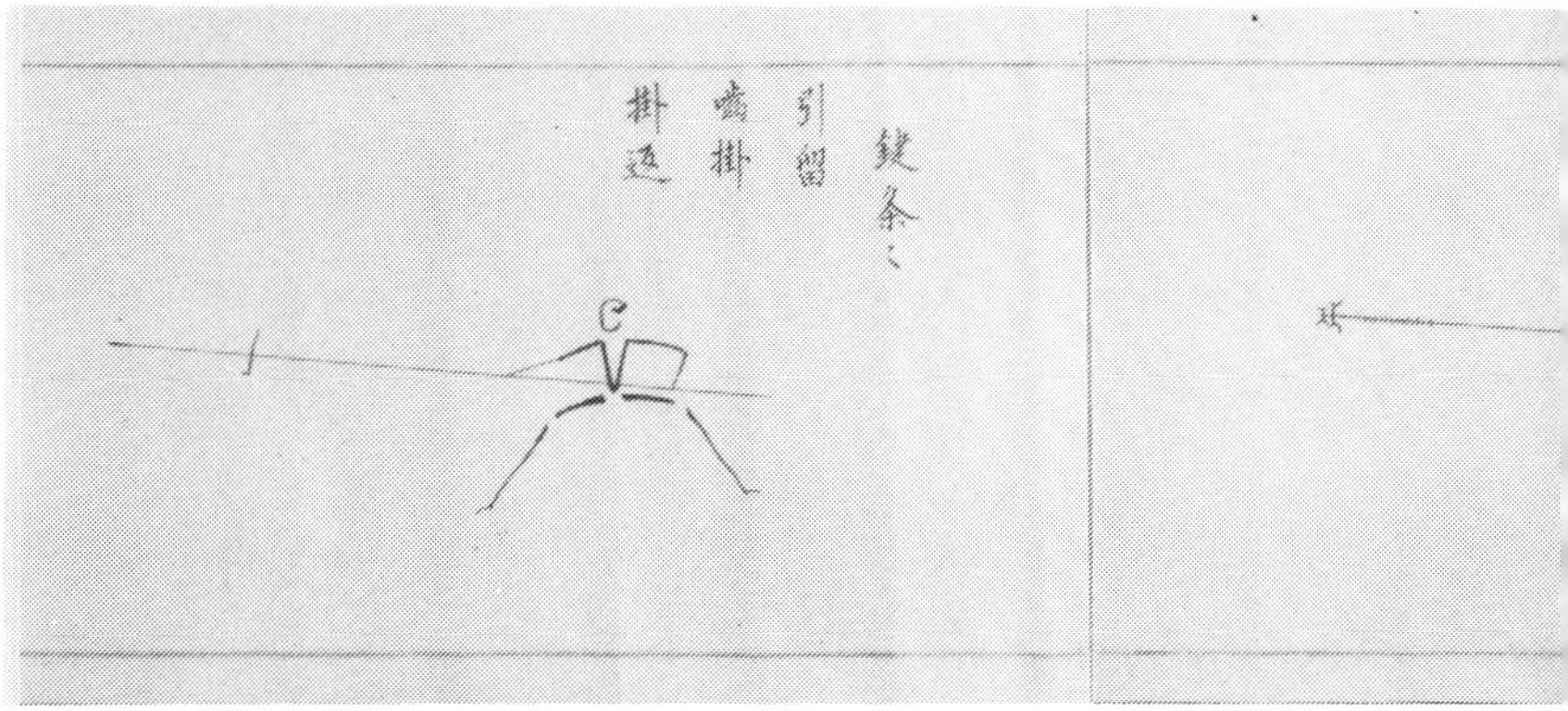

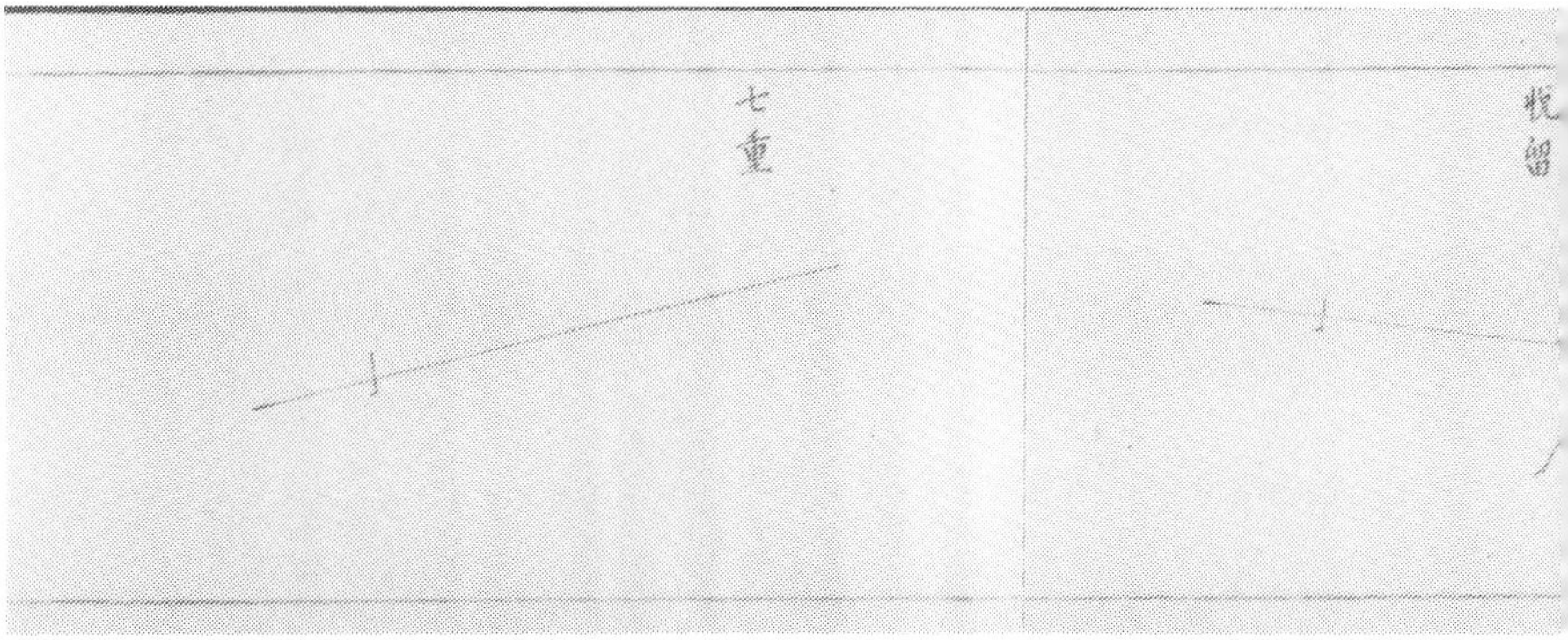

同 加兵衛

久茂

同 加兵衛

久明

同 喜兵衛

久豊

山本吉兵衛

雄宗

同 吉兵衛

久矩

同 吉兵衛

可久

同 作内丞

久成

同 吉兵衛

久矩

同 吉兵衛

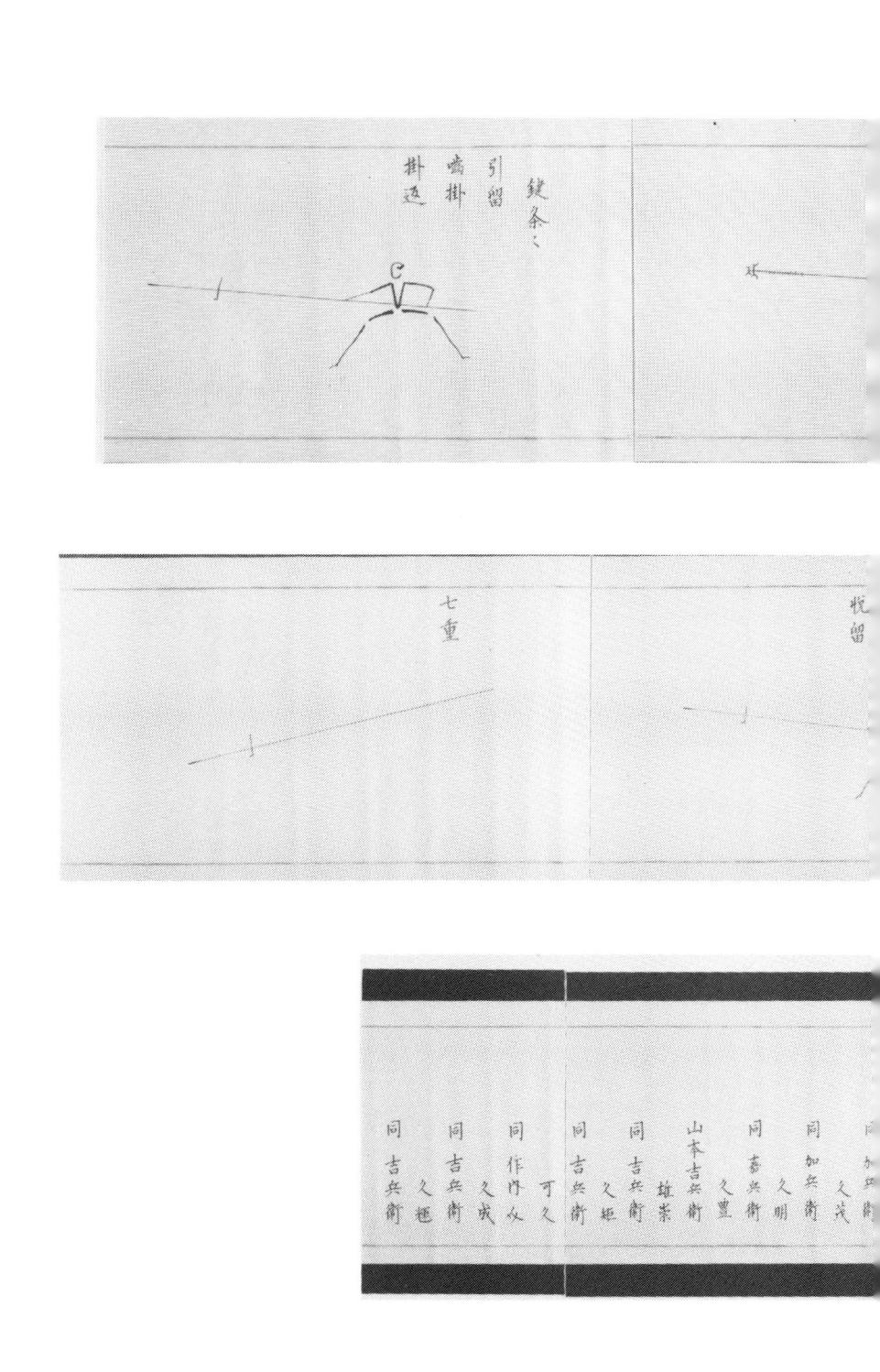

安政四丁巳年九月吉
深井彌五郎殿

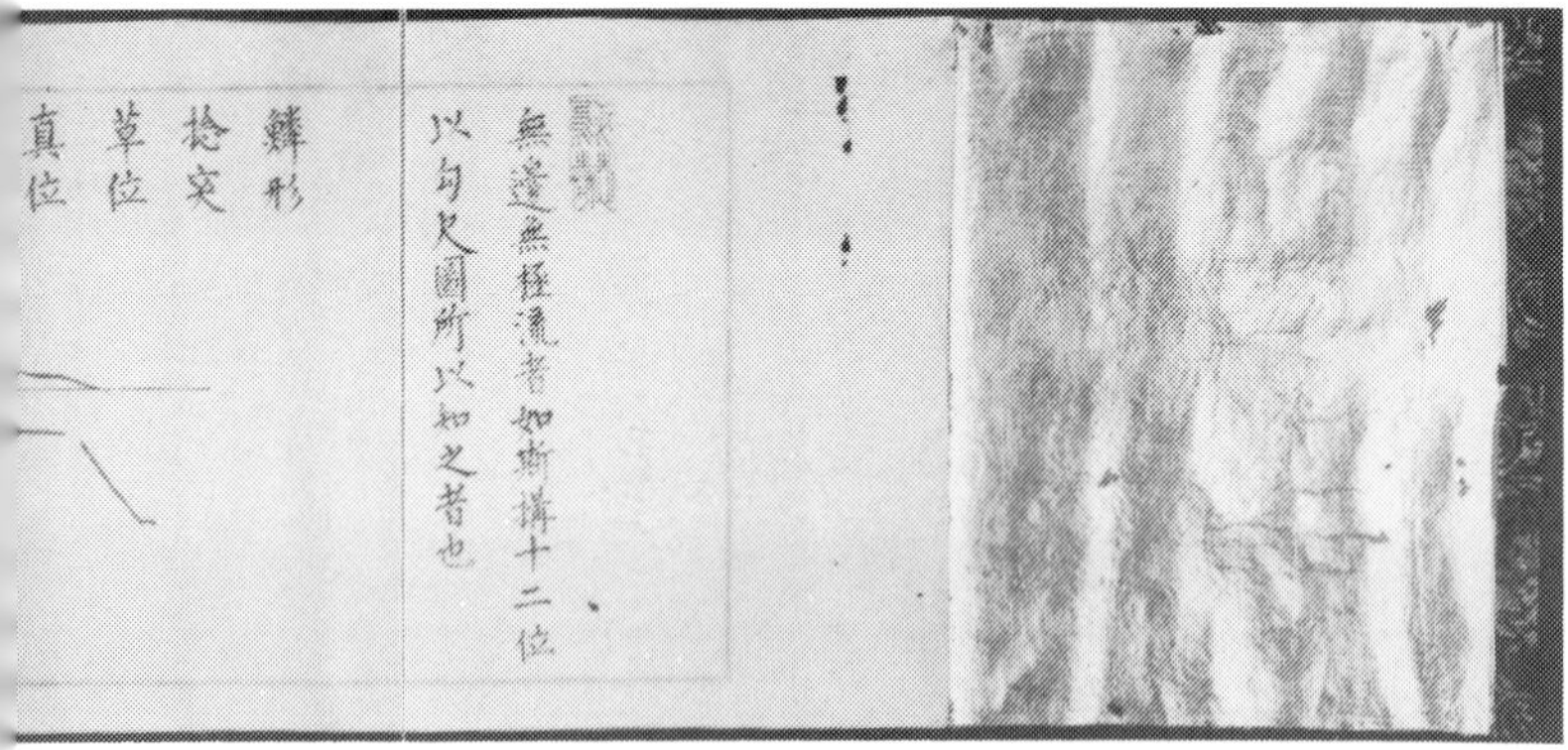
無邊無極流者如斯構十二位
以句欠圖所以知之者也
鯡形
捻突
草位
真位

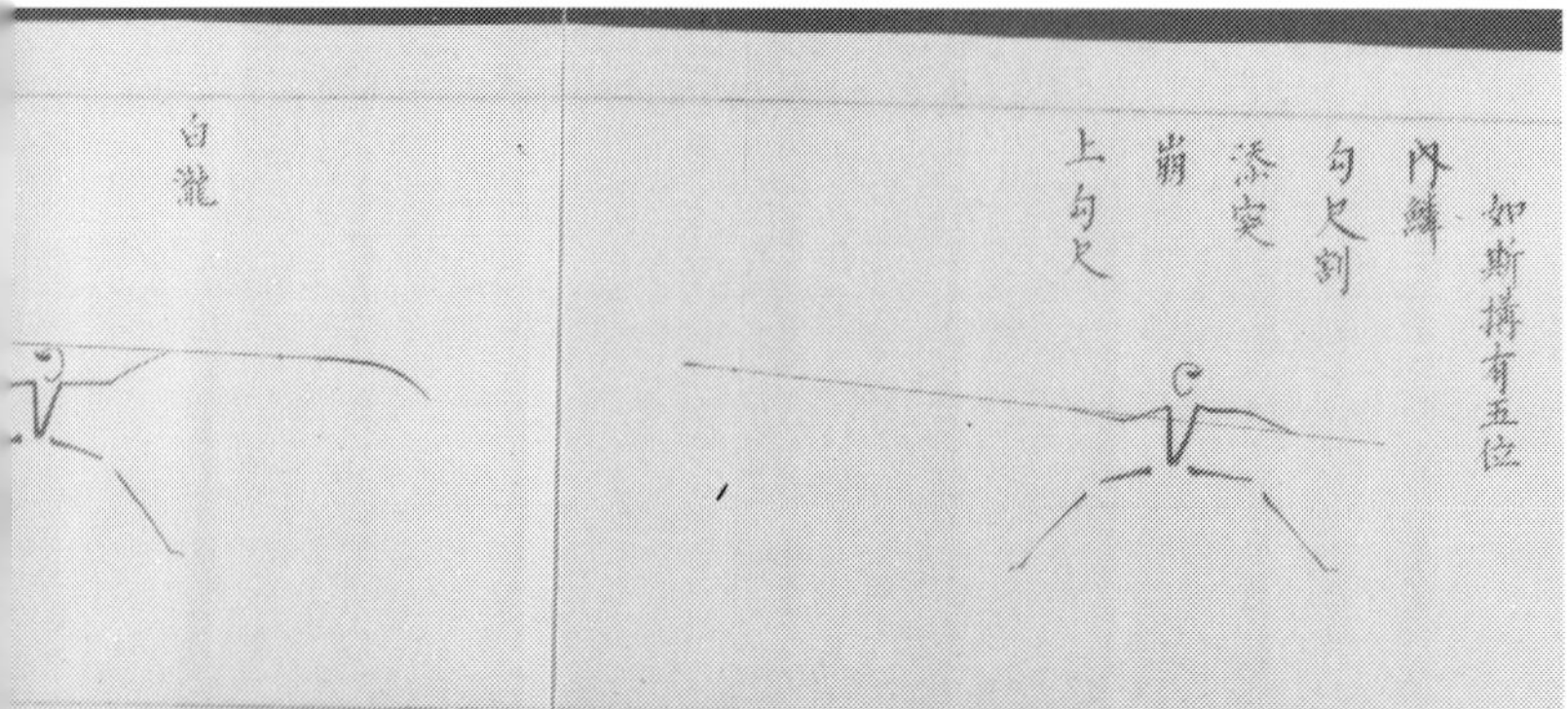
如斯構有五位
内鯡
句欠剣
添突
崩
上句欠
白龍

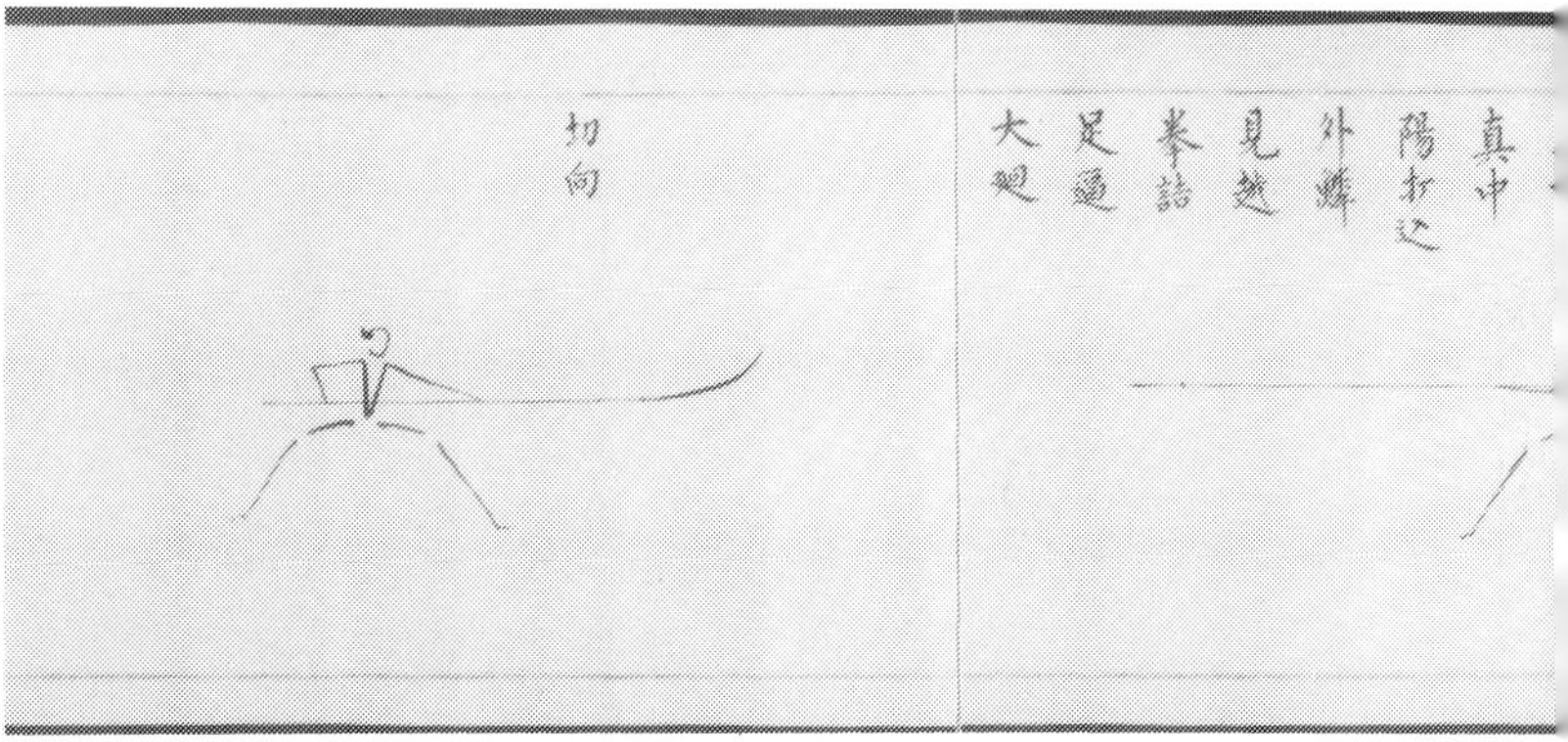
真中
陽打込
外鋒
見越
拳詰
足通
大廻
切向

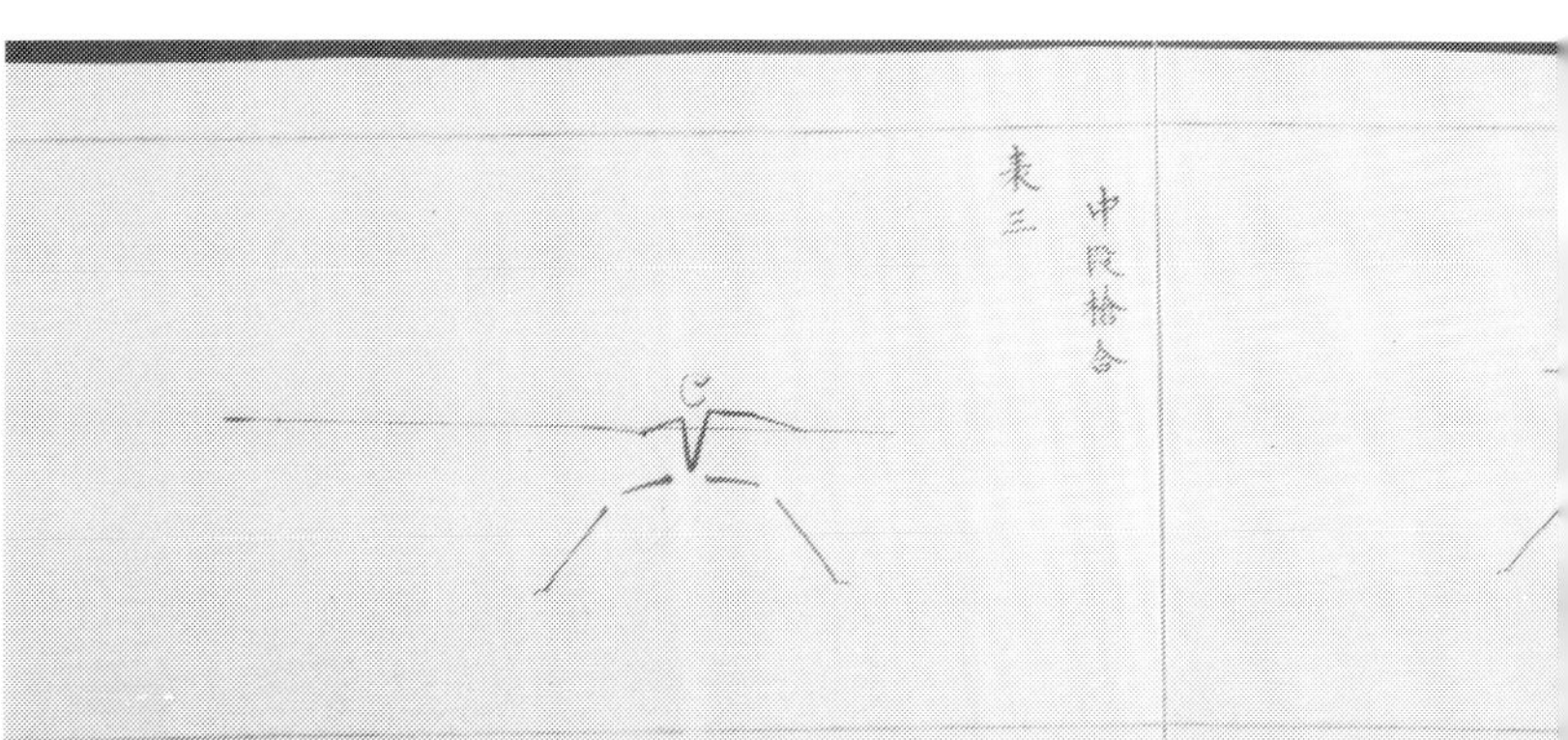
中段拾合
表三

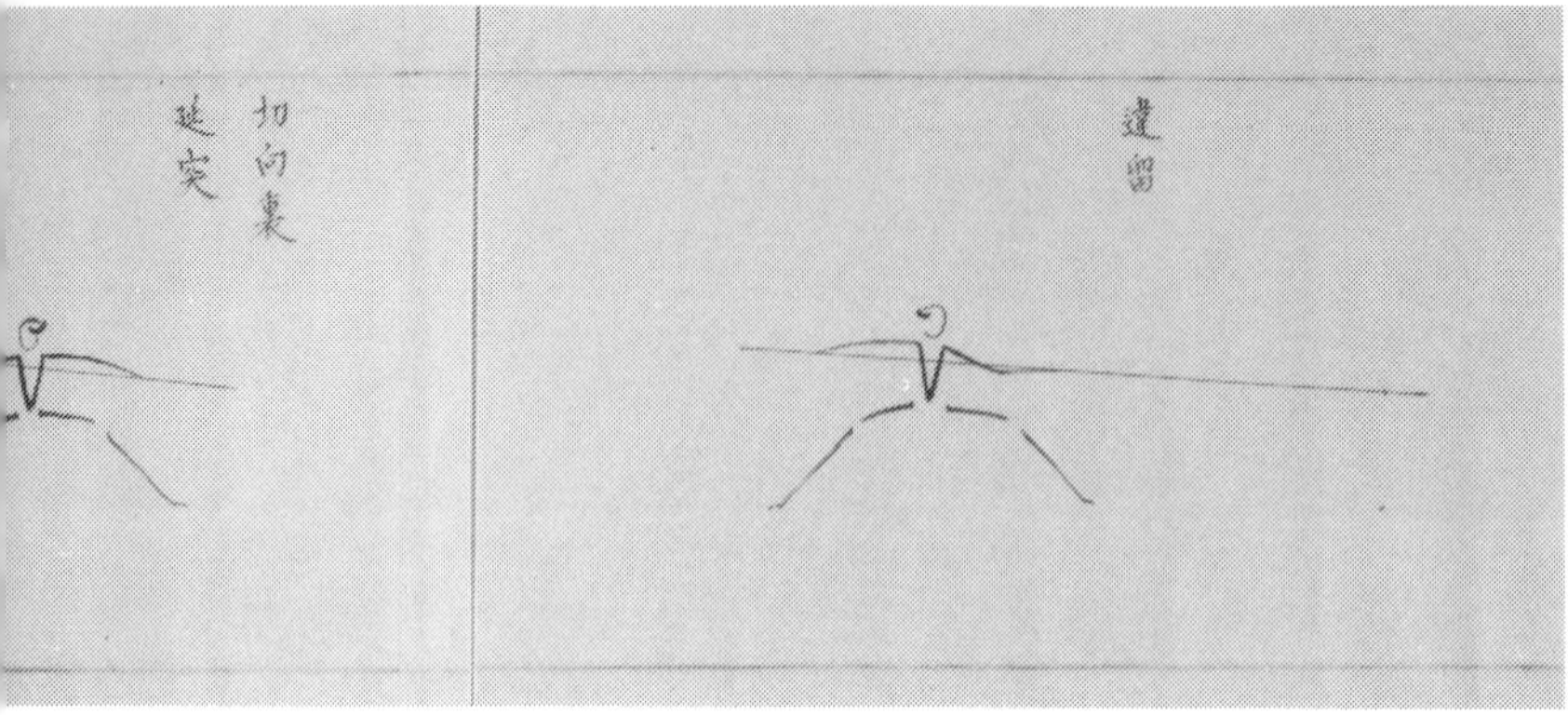
遣留
切向東
延突

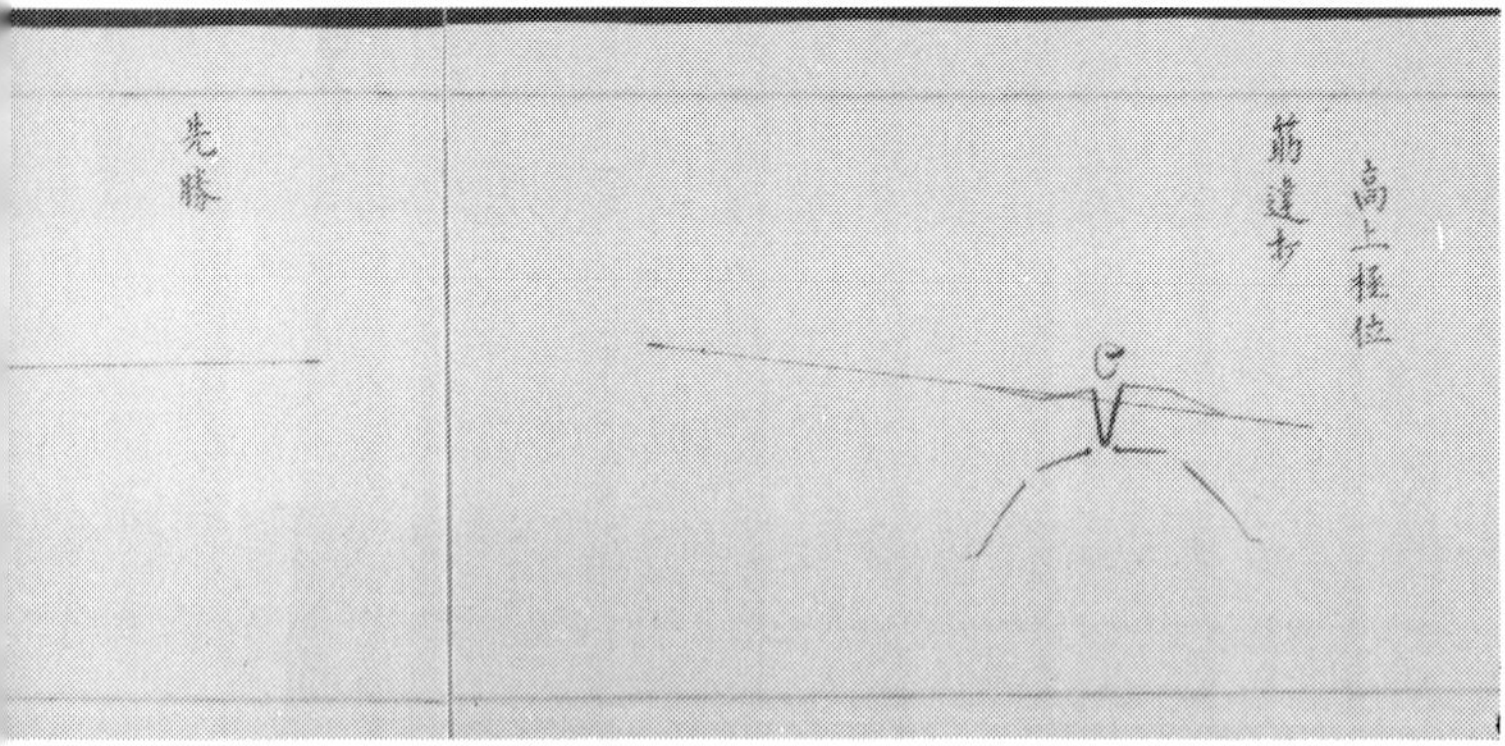
高上極位
筋違打
先勝

二人逼
分入

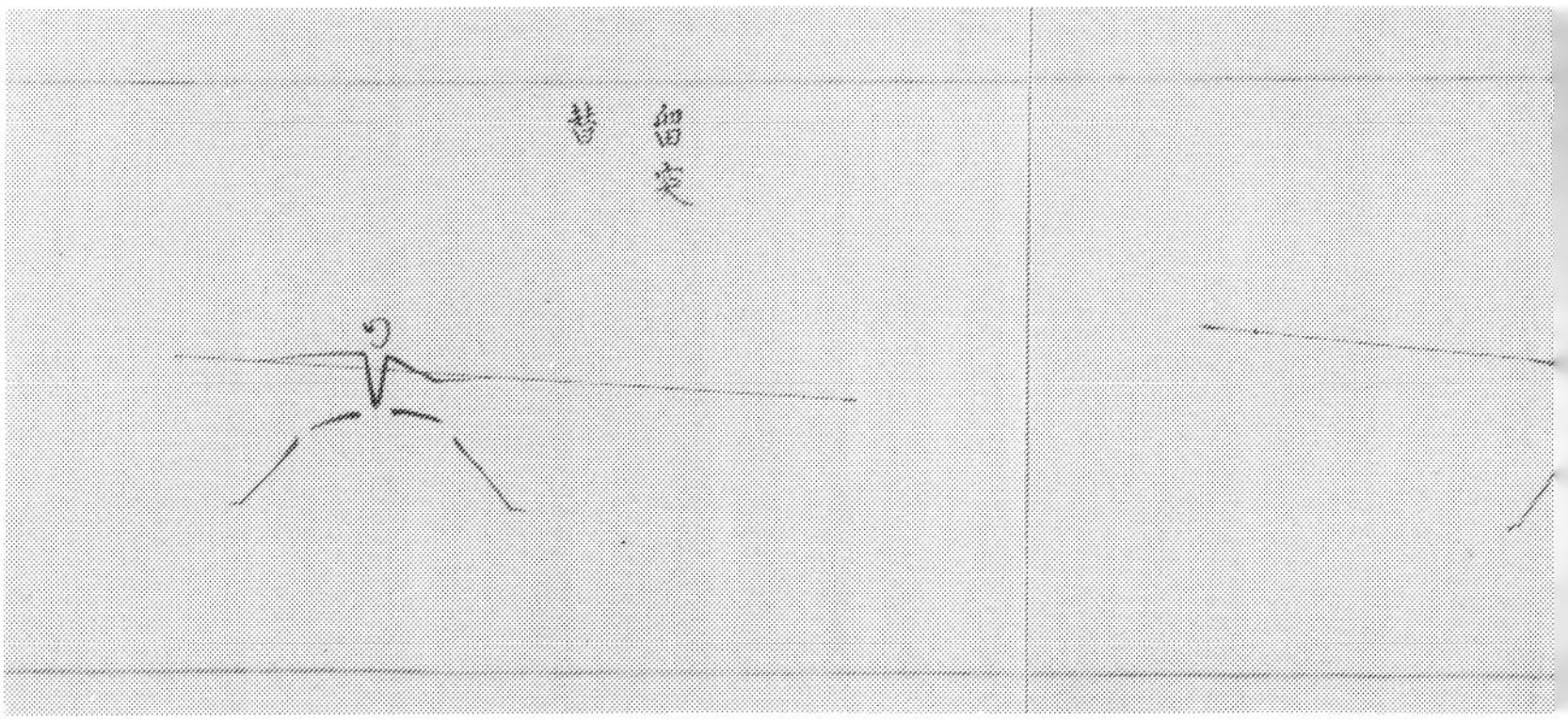
留定
替

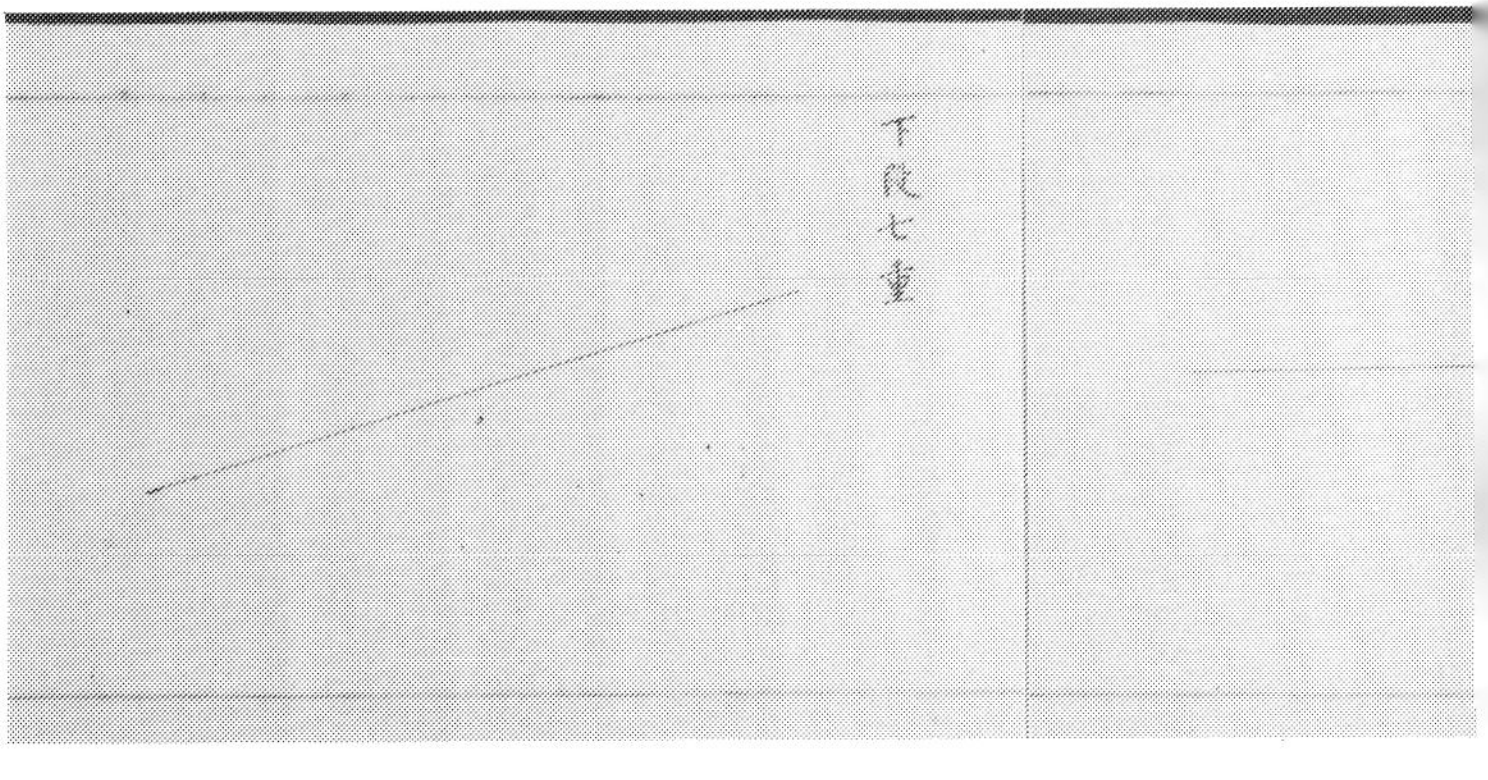
下段七重

貫戸除様同前

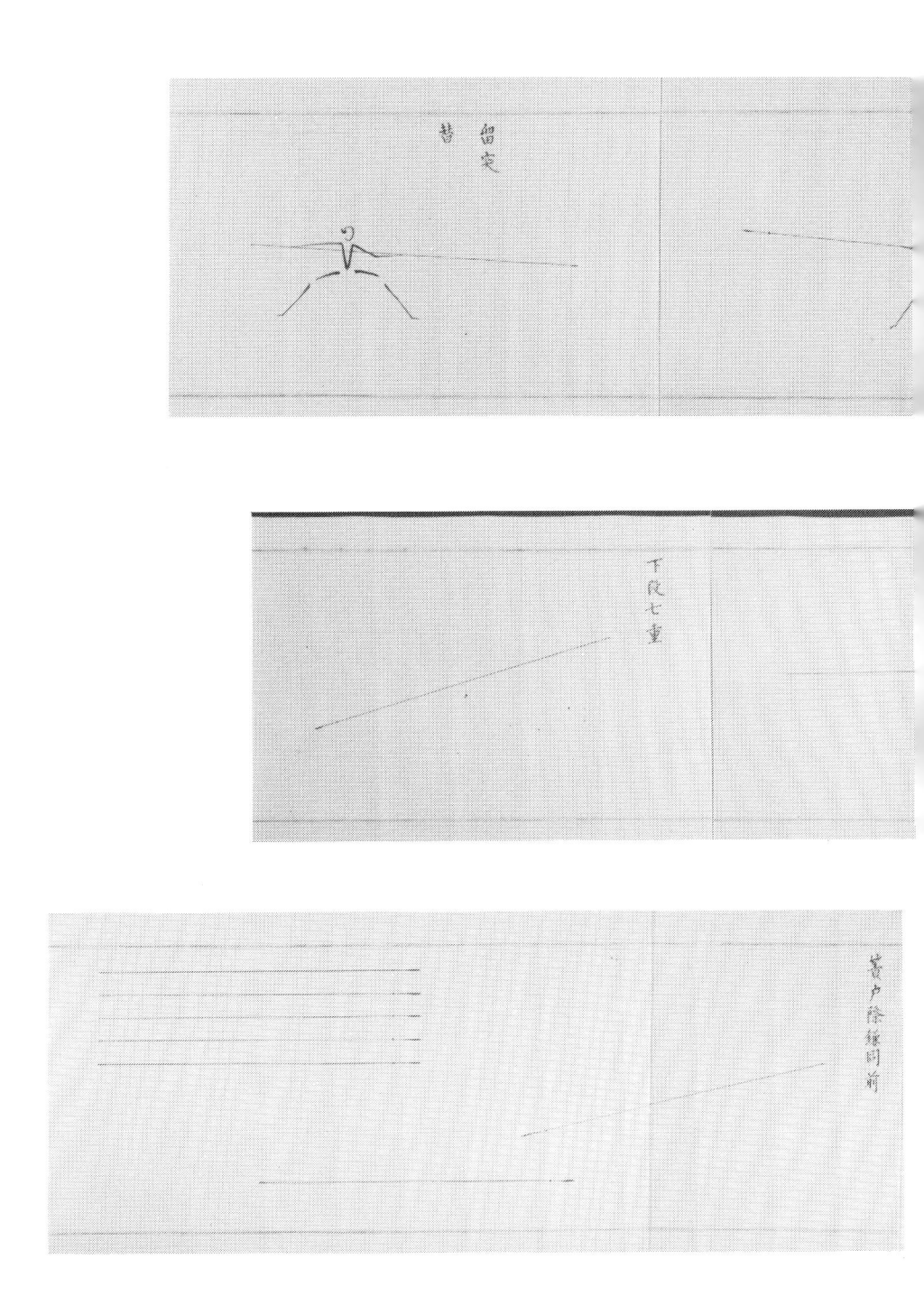

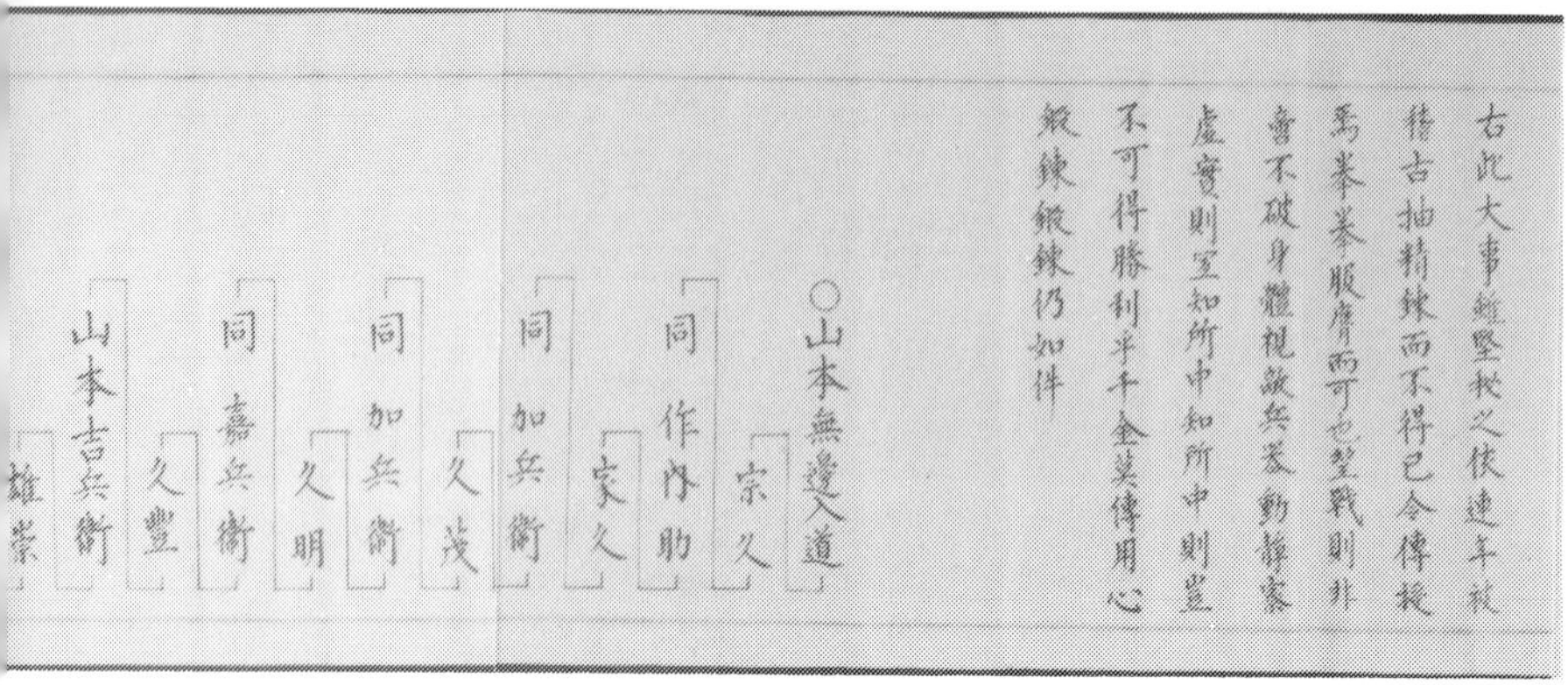
古此大事雖堅秘之依連年被
稽古抽精鍊而不得已令傳授
焉峯峯服膺而可也望戰則非
噲不破身體視敵兵察動静審
虚實則至知所中知所中則豈
不可得勝利乎千金莫傳用心
鍛錬鍛錬仍如件
○山本無邊入道
宗久
同 作内助
家久
同 加兵衛
久茂
同 加兵衛
久明
同 嘉兵衛
久豊
山本吉兵衛
雄崇

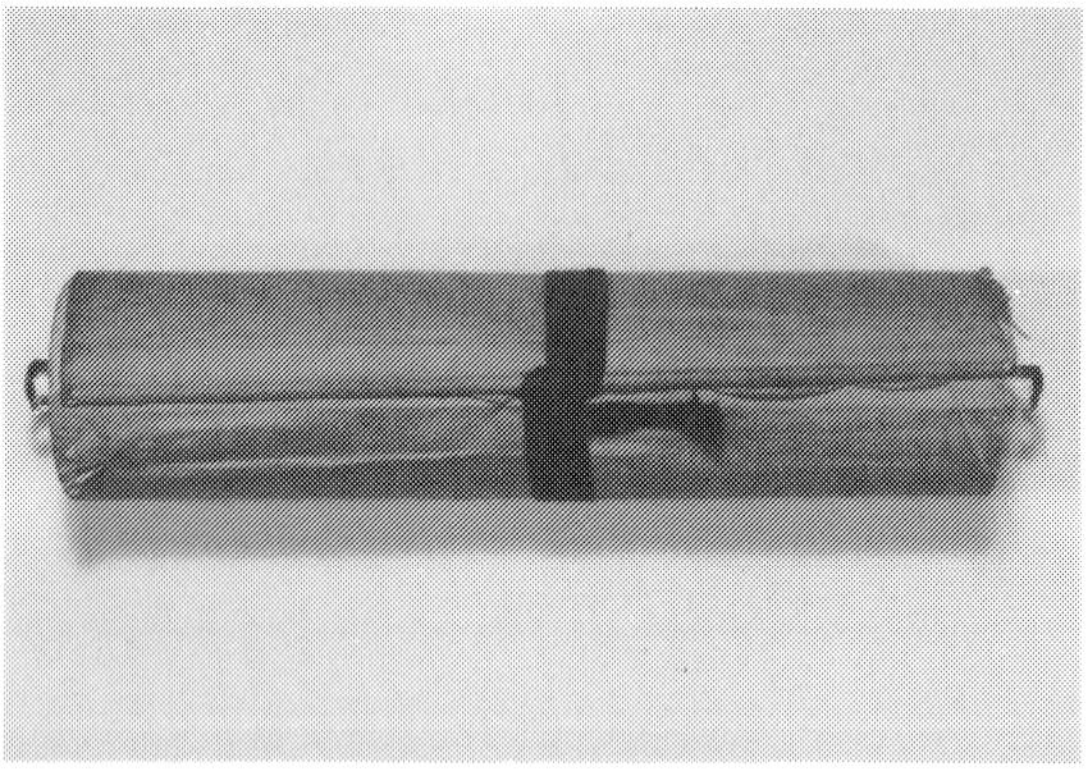

宝蔵院流槍術秘巻

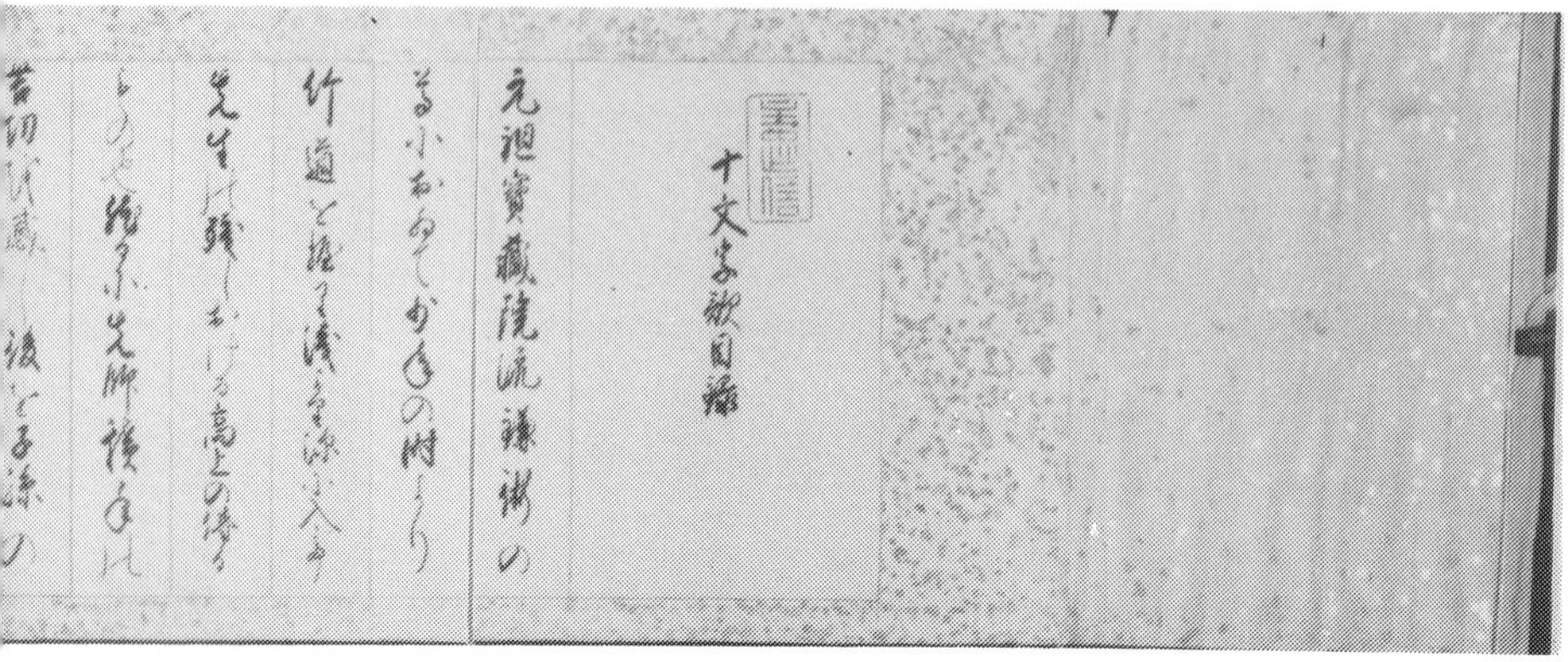
十文字鎗目録
元祖寶藏院流

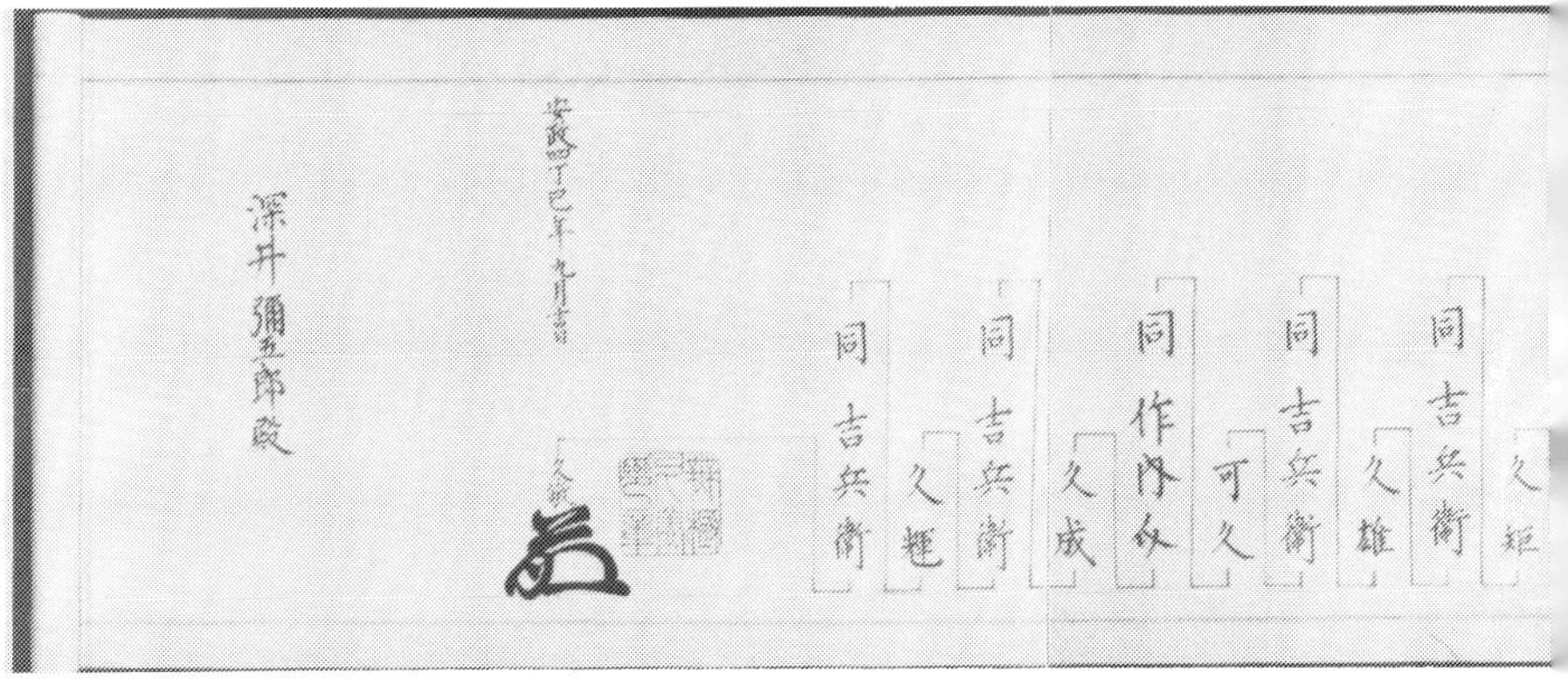
久矩
同 吉兵衛
久雄
同 吉兵衛
可久
同 作之丞
久成
同 吉兵衛
久輝
同 吉兵衛
安政四丁巳年 九月吉日
久敬
深井彌五郎殿

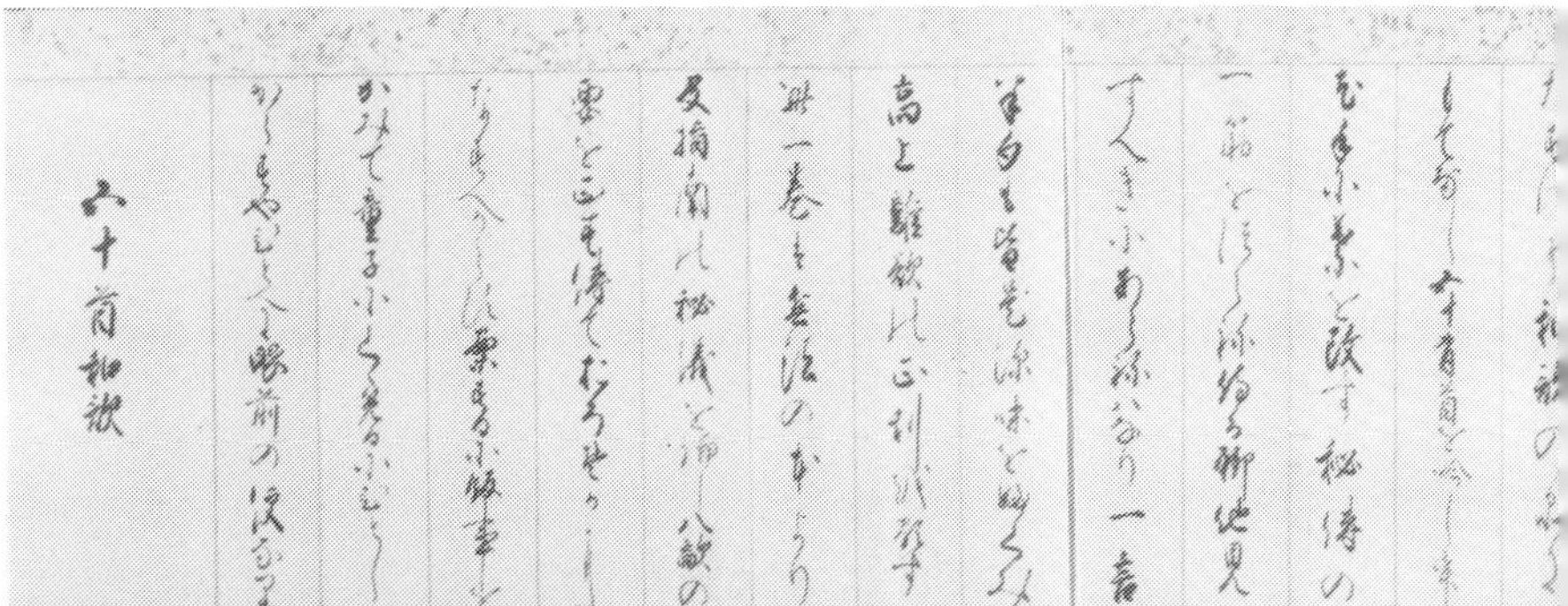
六十首秘歌

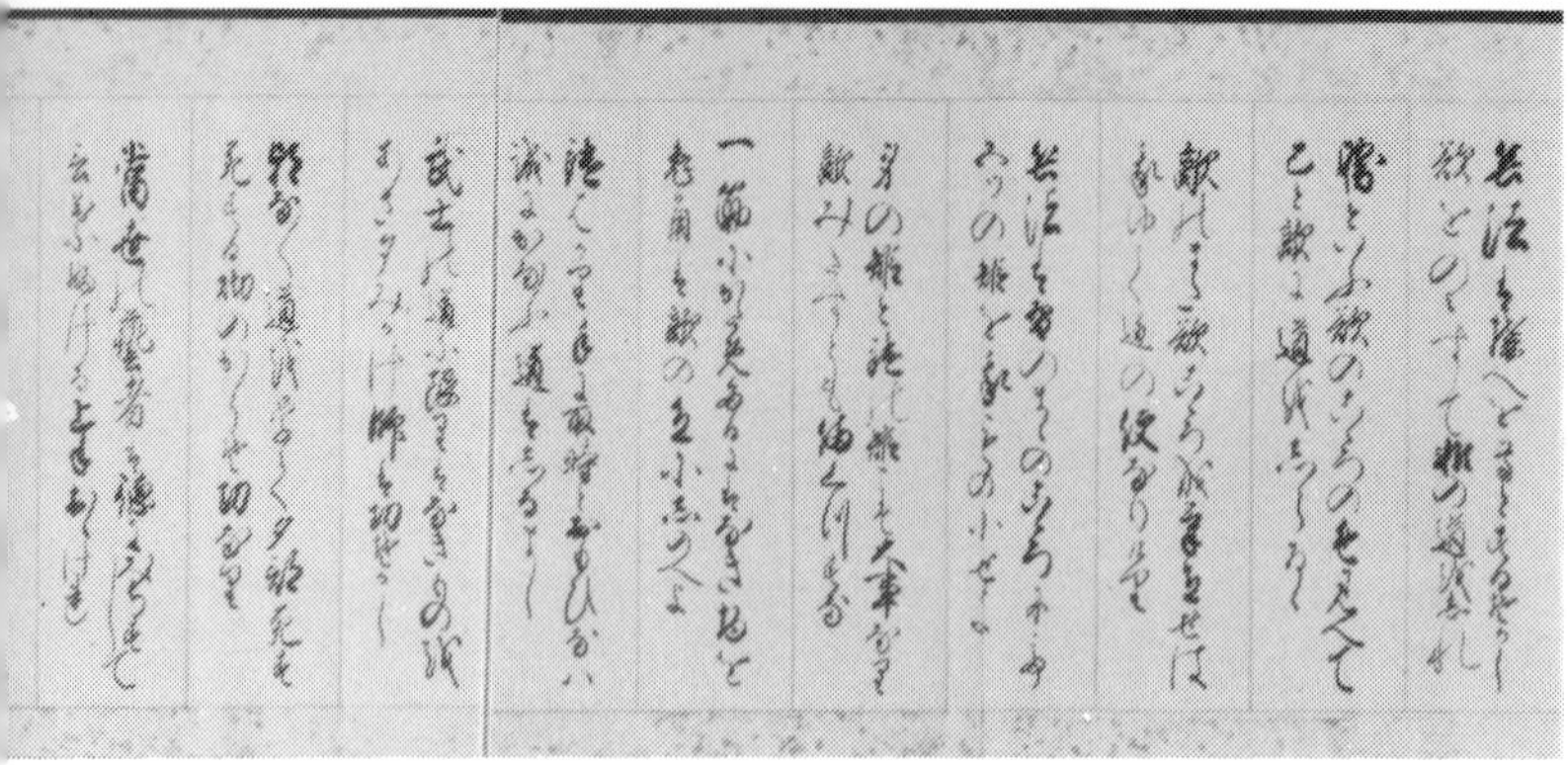

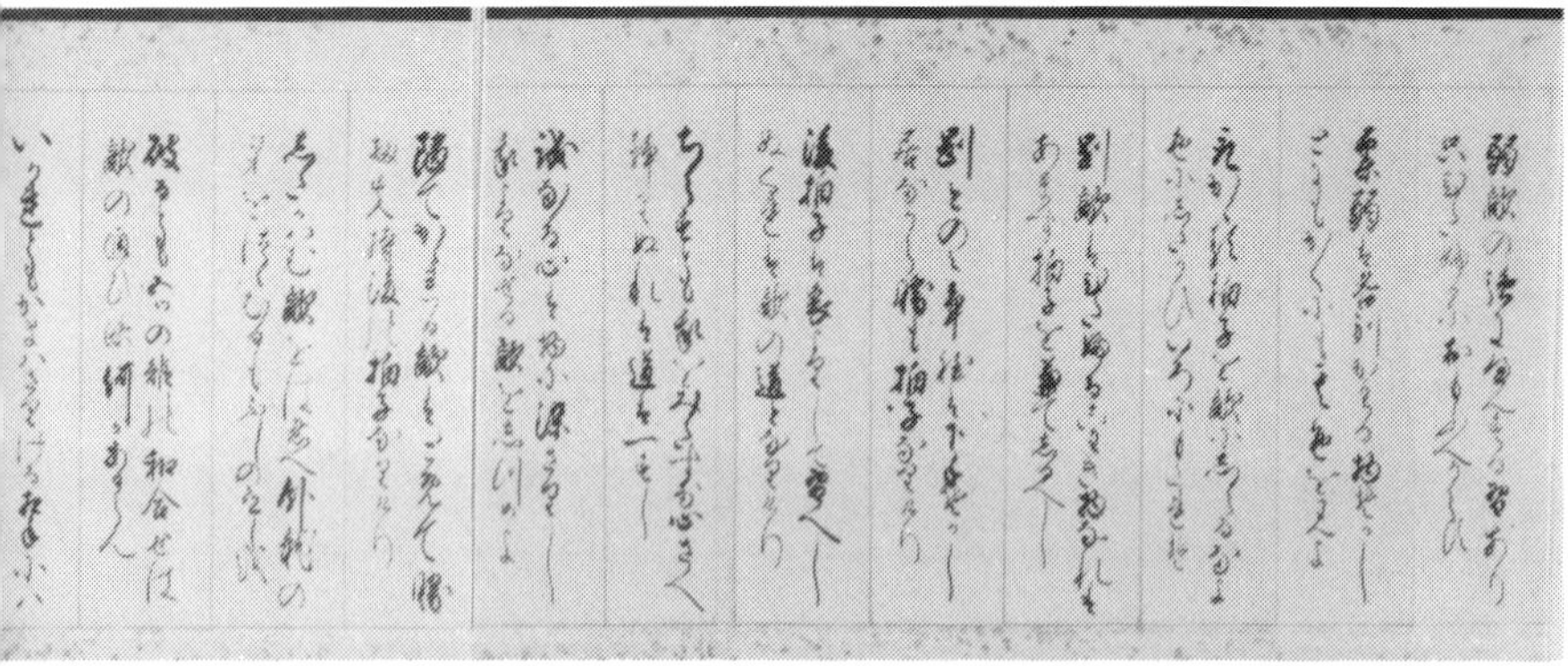

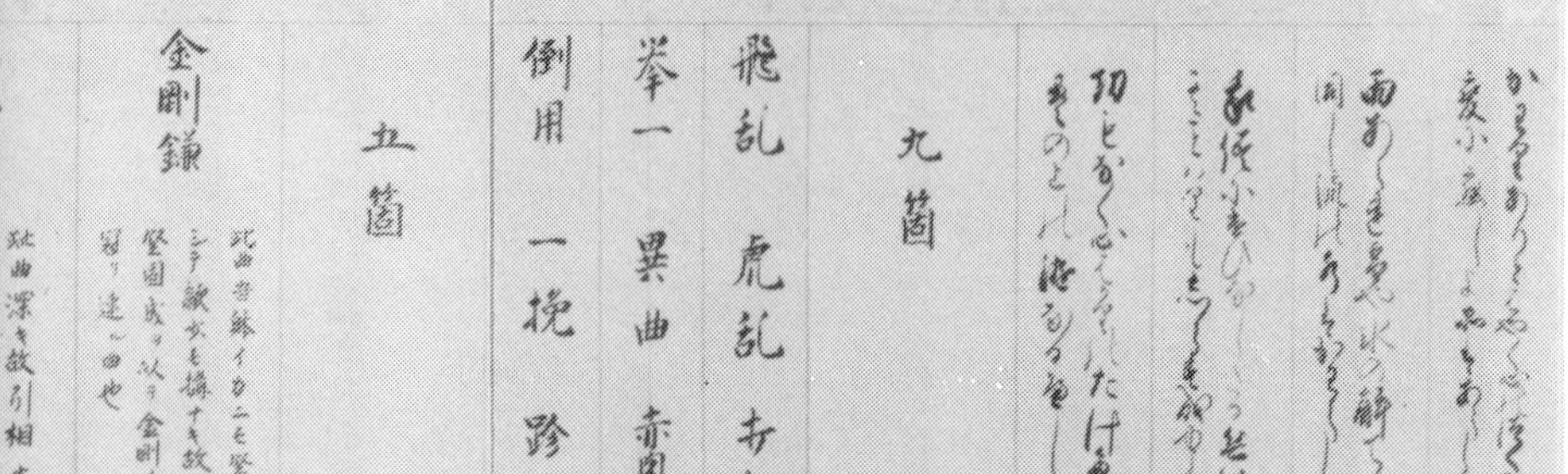
九箇
飛乱　虎乱　赤留
挙一　異曲　赤肉團
倒用　一挽　跨化
五箇
金剛鈴

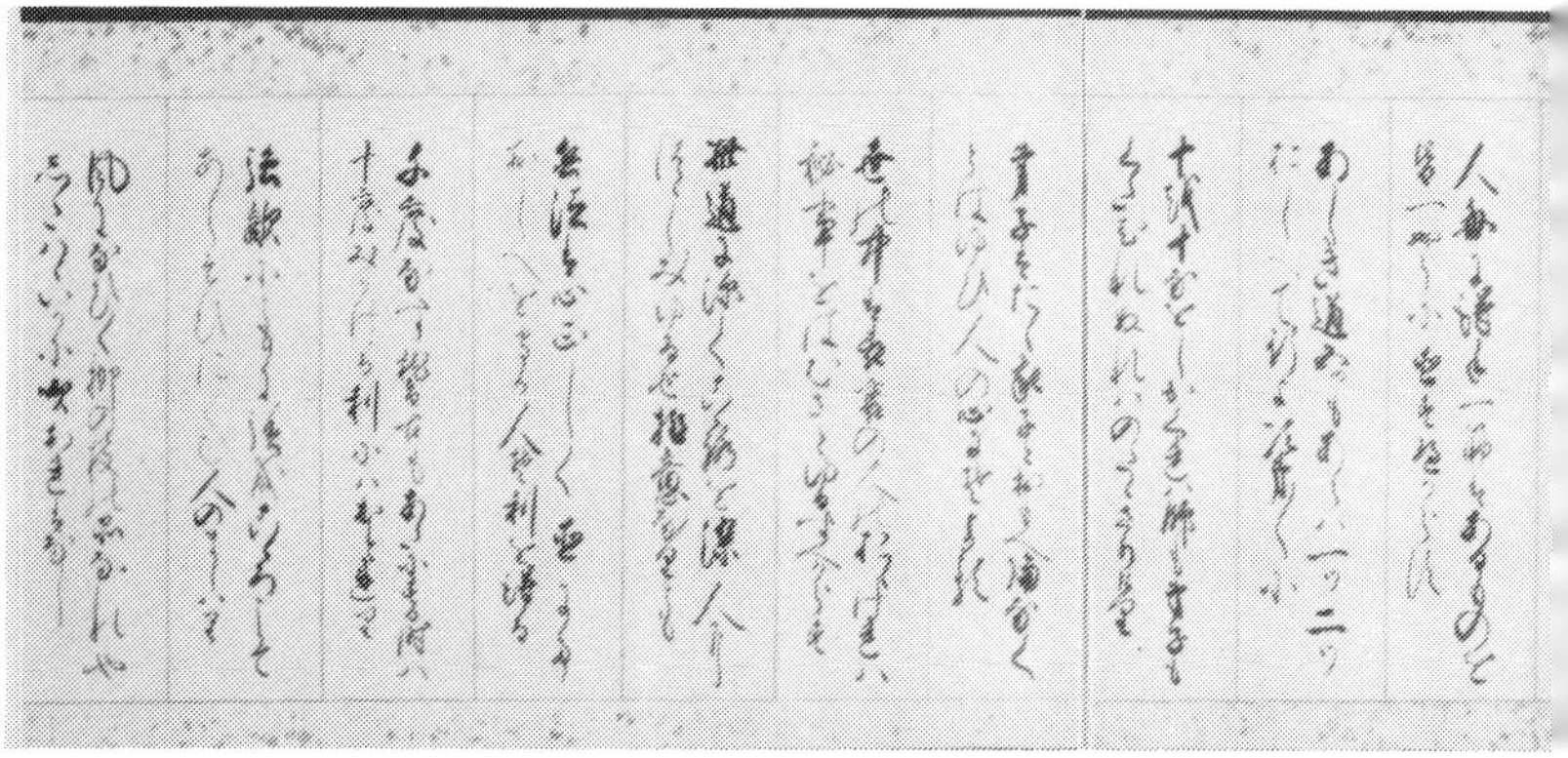

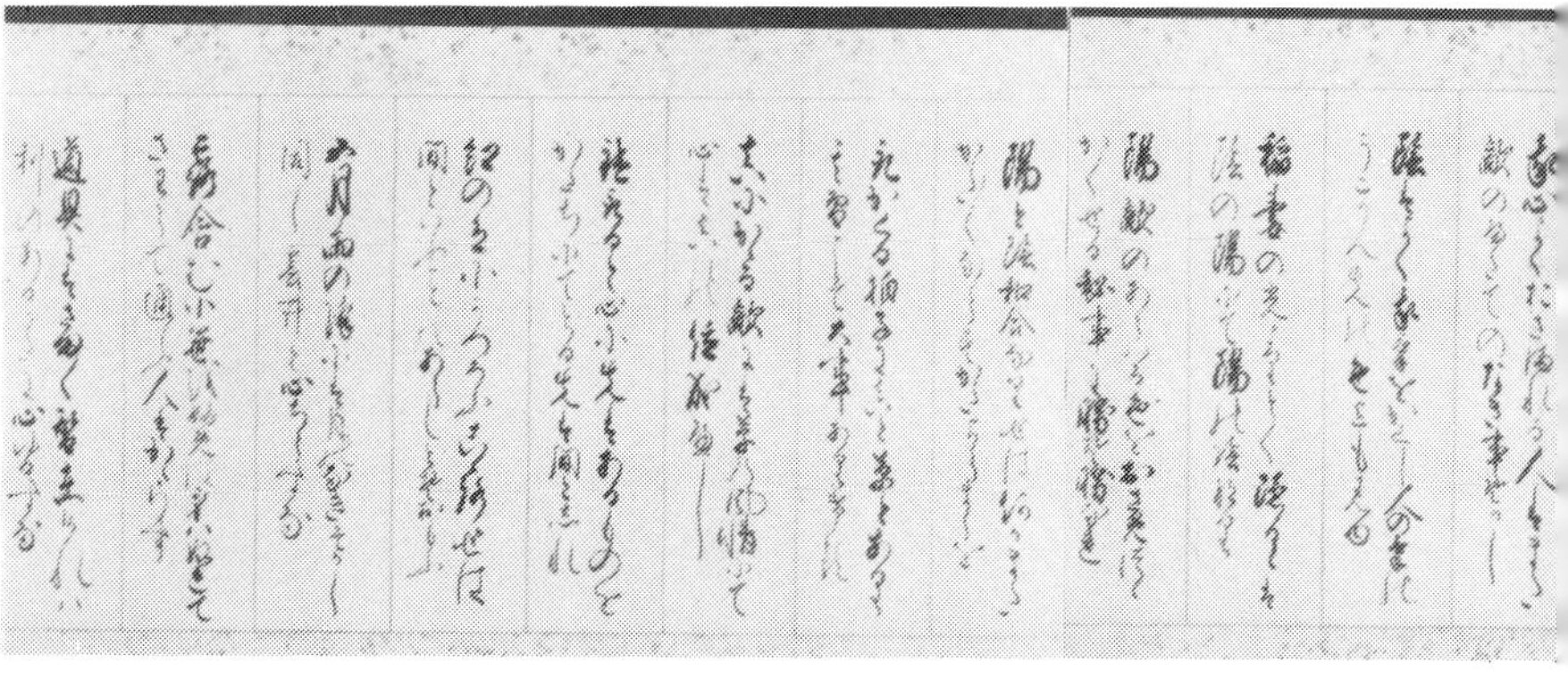

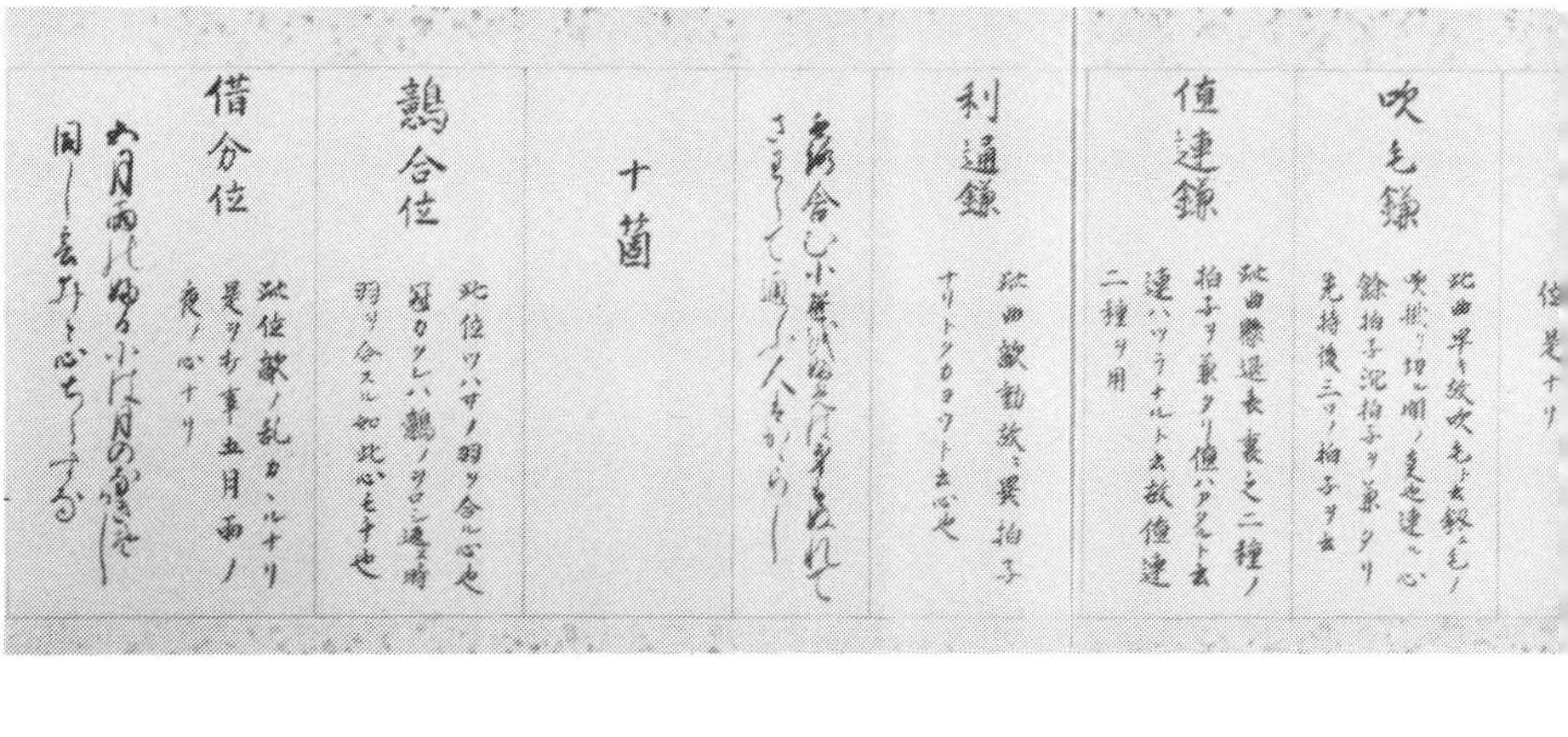
吹毛錄
値連錄
利通錄
十箇
鷸合位
借分位

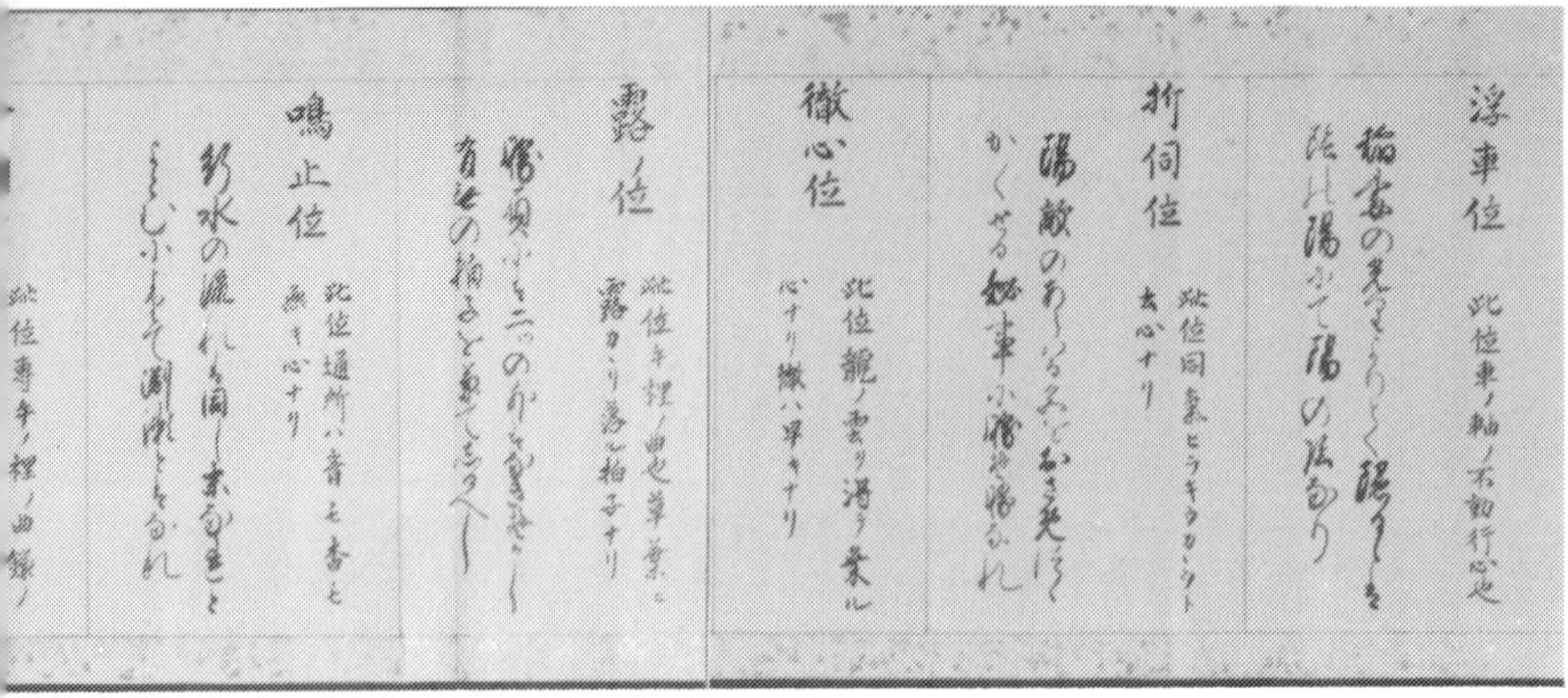

浮車位　此位車ノ軸ノ不動行心也

折伺位

徹心位　此位龍ノ雲ヲ得ル楽ニ心ナリ 徹ハ早キナリ

露ノ位　露カリ落ル拍子ナリ

鳴止位　此位通所ハ音モ香モ無キ心ナリ

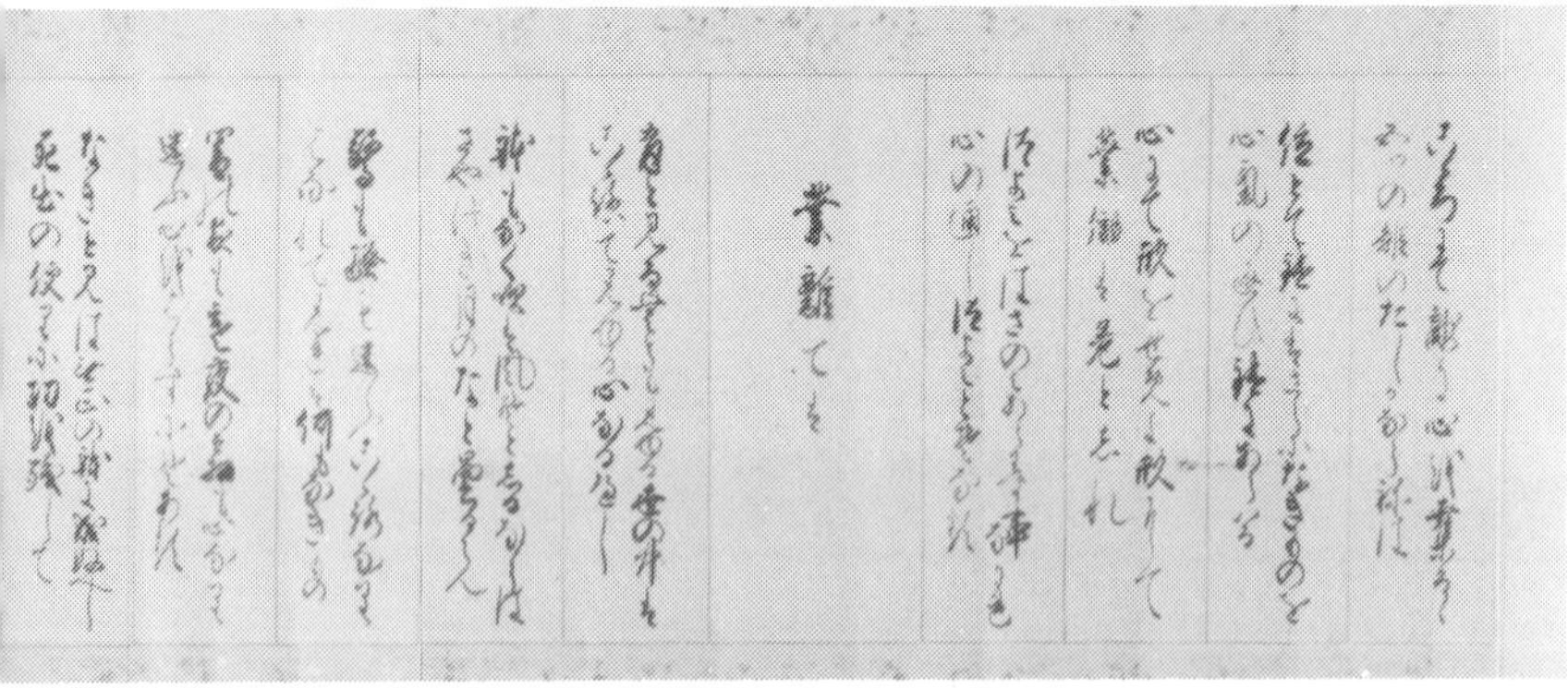

業離ても

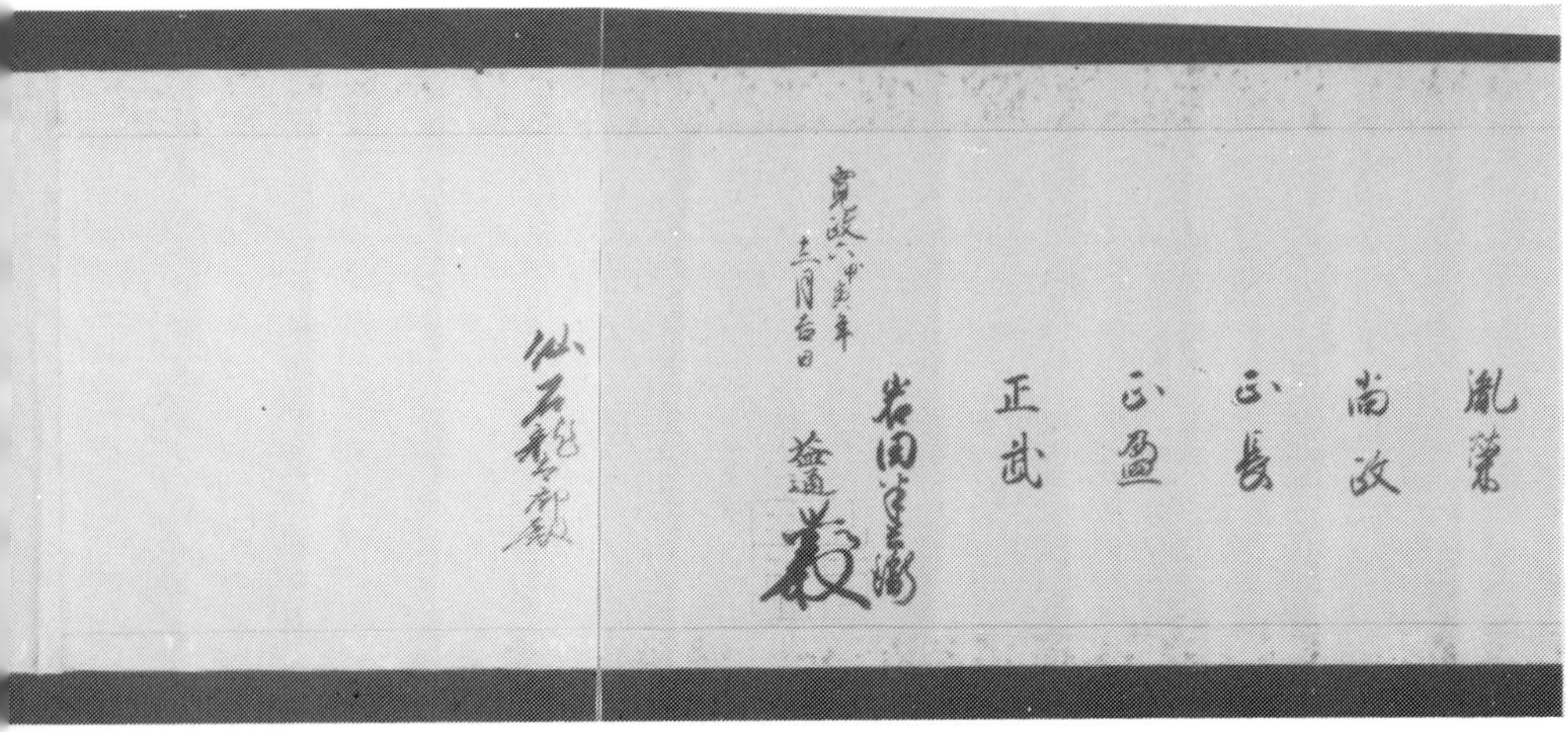

亂業

尚政

正長

正盈

正武

寛政八丙辰年

十二月吉日

益通（花押）

仙石龍□殿

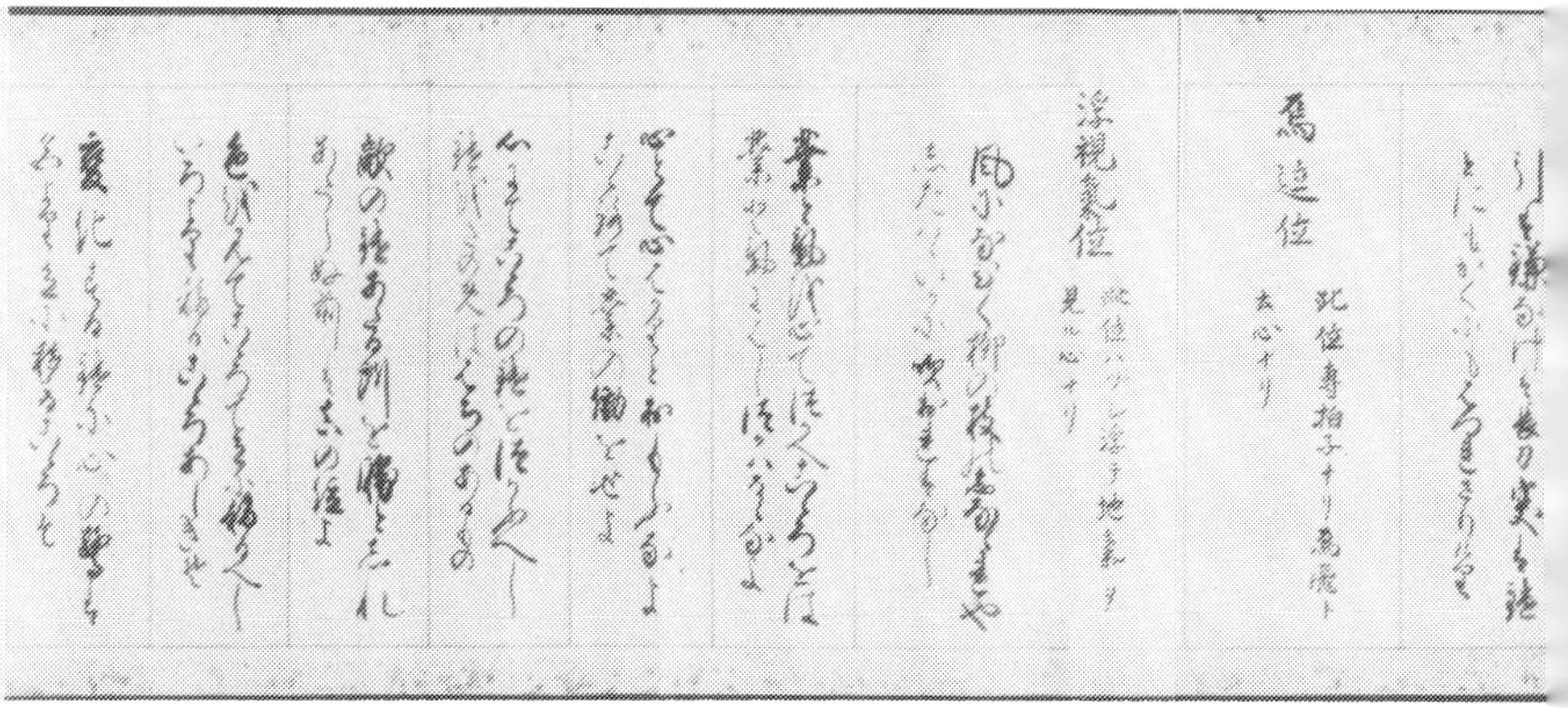

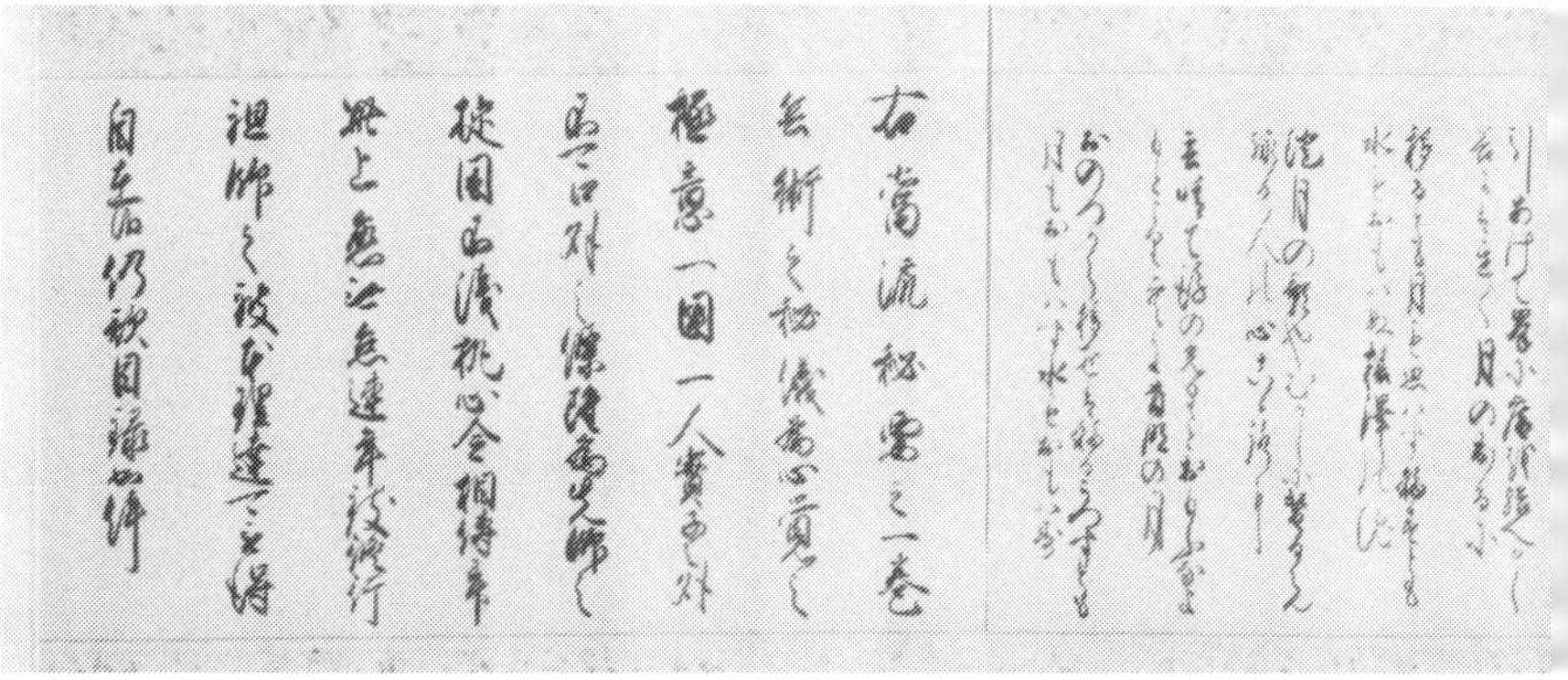

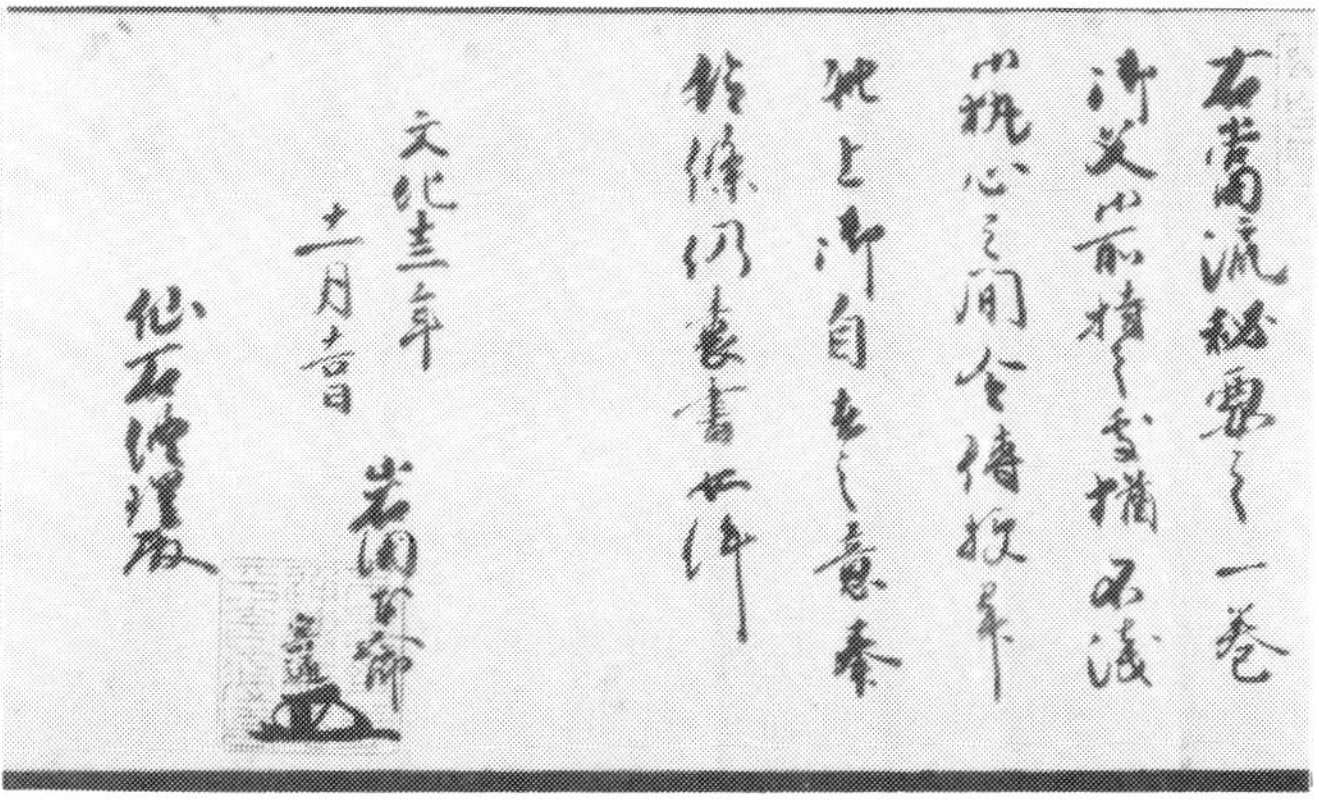

宝蔵院流槍術秘巻　三巻

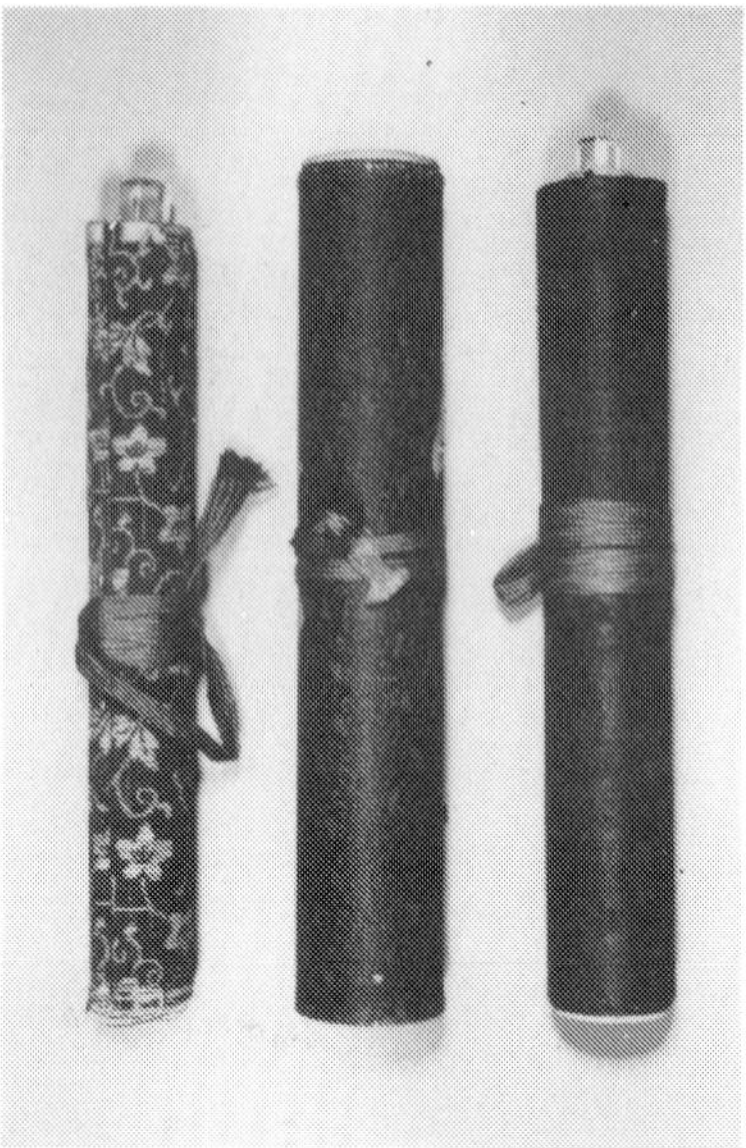

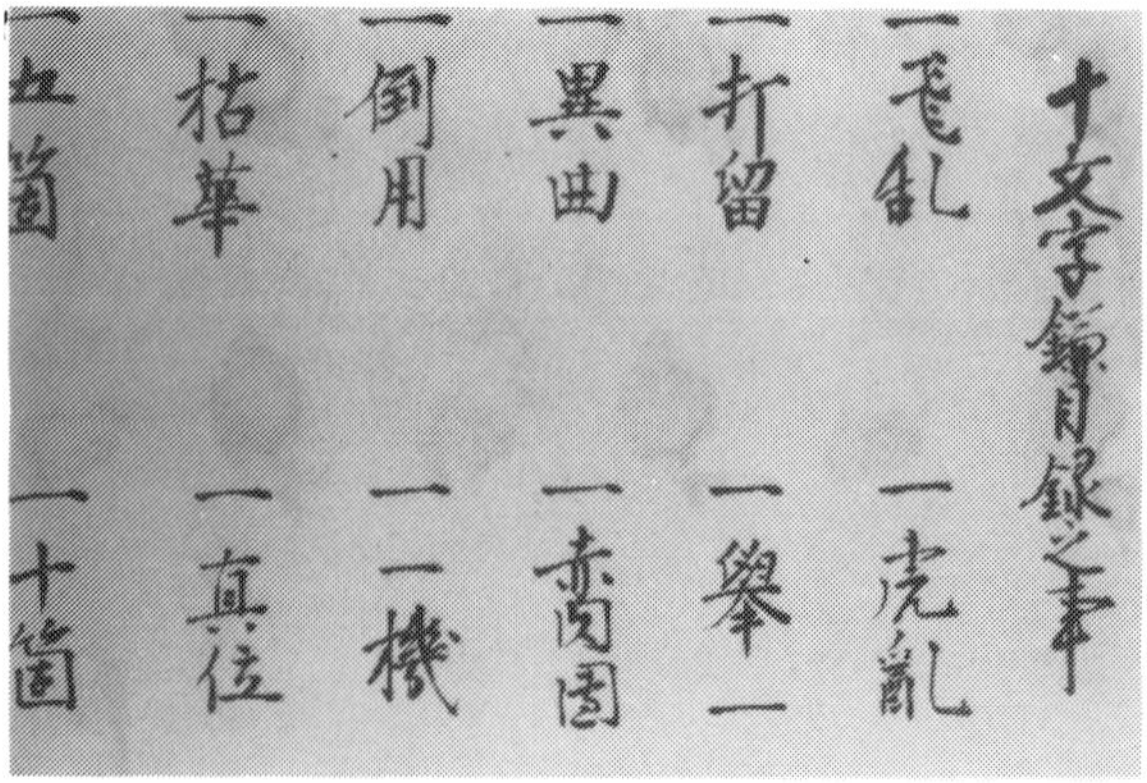
十文字鎗目録之事
一　飛乱　　一　虎亂
一　打留　　一　拳一
一　異曲　　一　賣圓
一　倒用　　一　一機
一　枯華　　一　真位
一　五箇　　一　十箇

寶苑院覺禪定門
胤栄
中村市右衛門尉
尚政
中村八之丞
重行
中村市右衛門尉

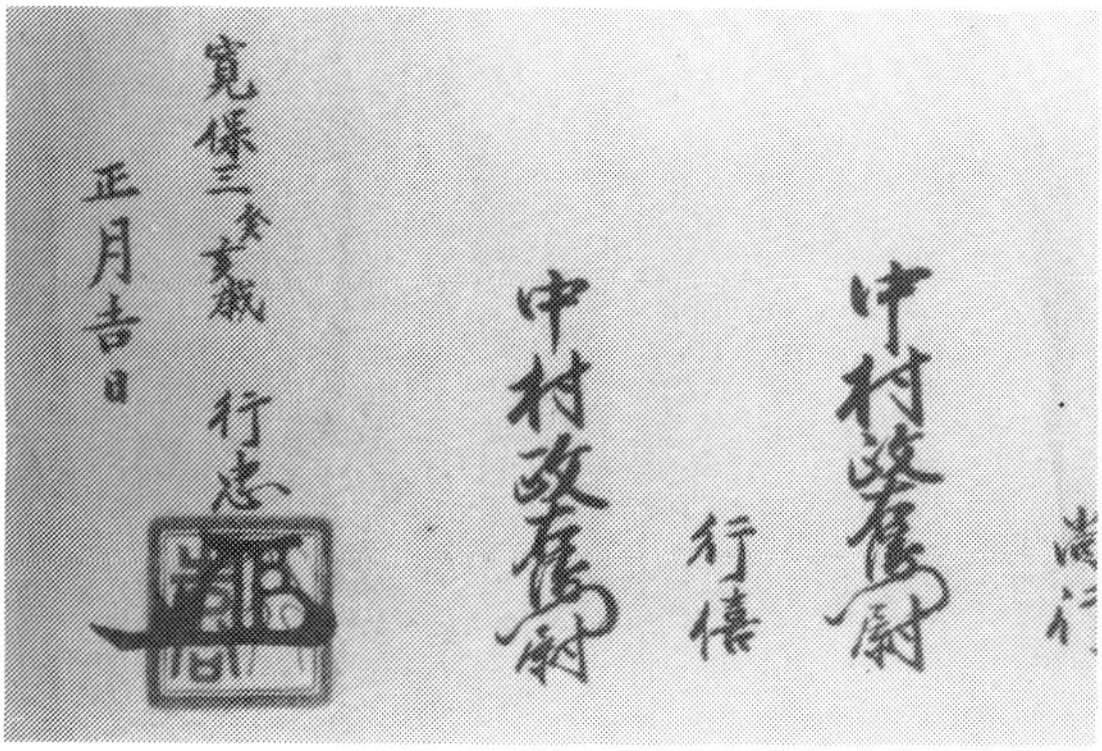

満行
中村政右衛門尉
行信
中村政右衛門尉
寛保三亥歳
行忠
正月吉日

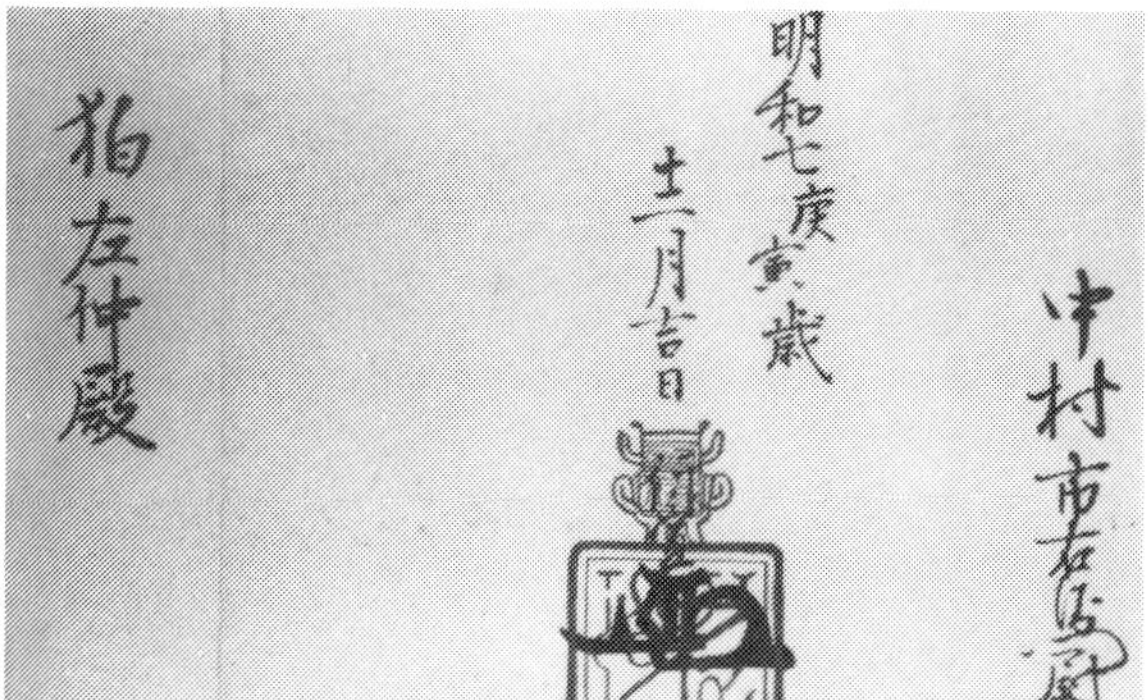

中村市右衛門尉
明和七庚寅歳
十二月吉日
狛左仲殿

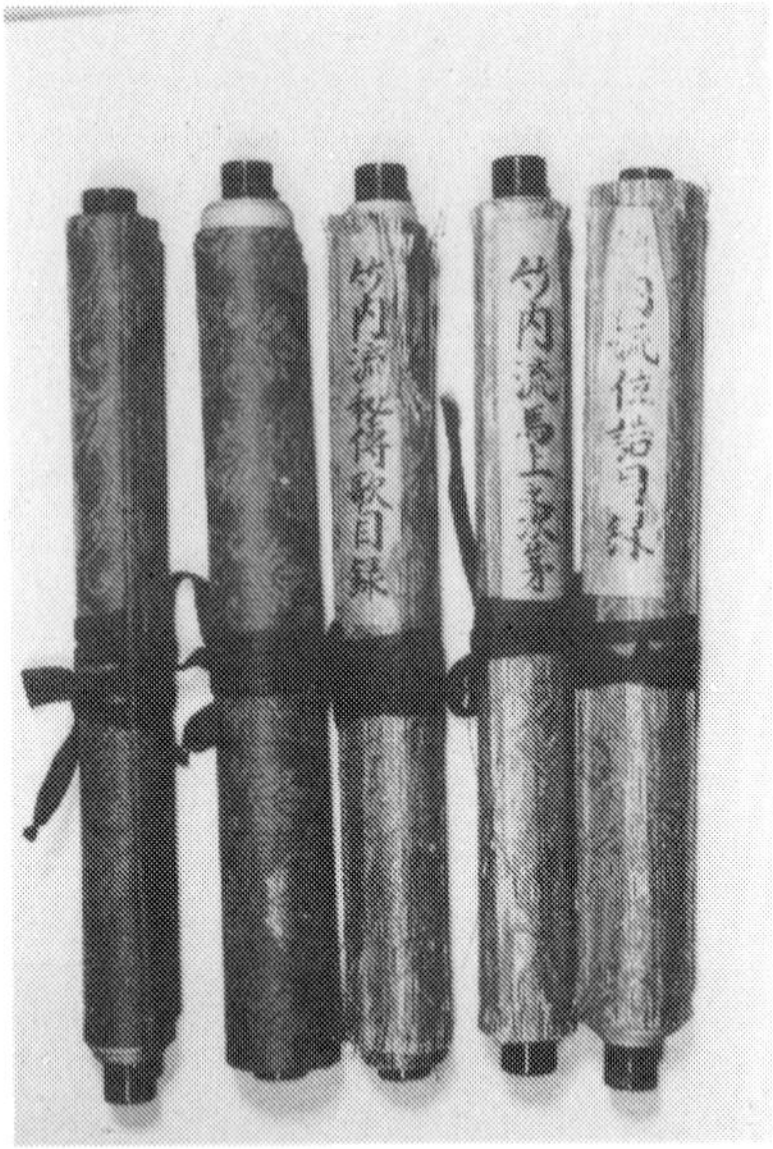

竹内流槍術秘伝書五巻

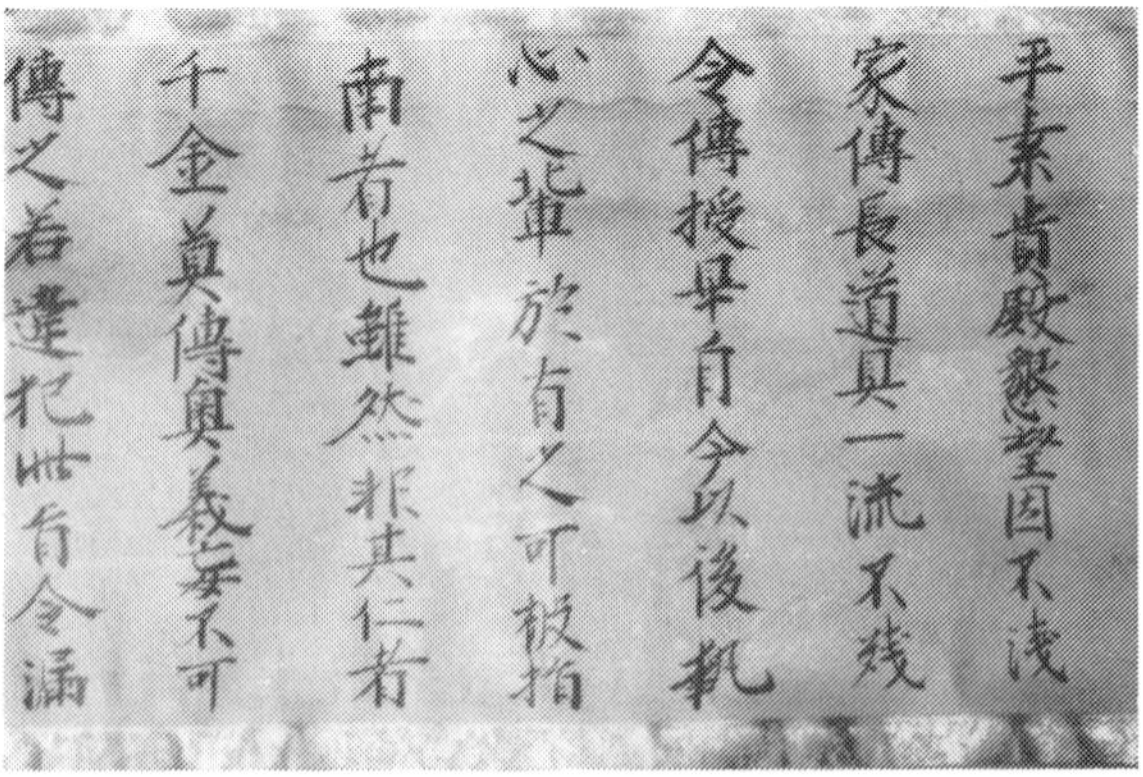

平素貴殿懇望因不淺
家傳長道其一流不殘
令傳授畢自今以後執
心之輩於有之可被指
南者也雖然非其仁者
千金莫傳莫義妄不可
傳之若違犯此旨令涌

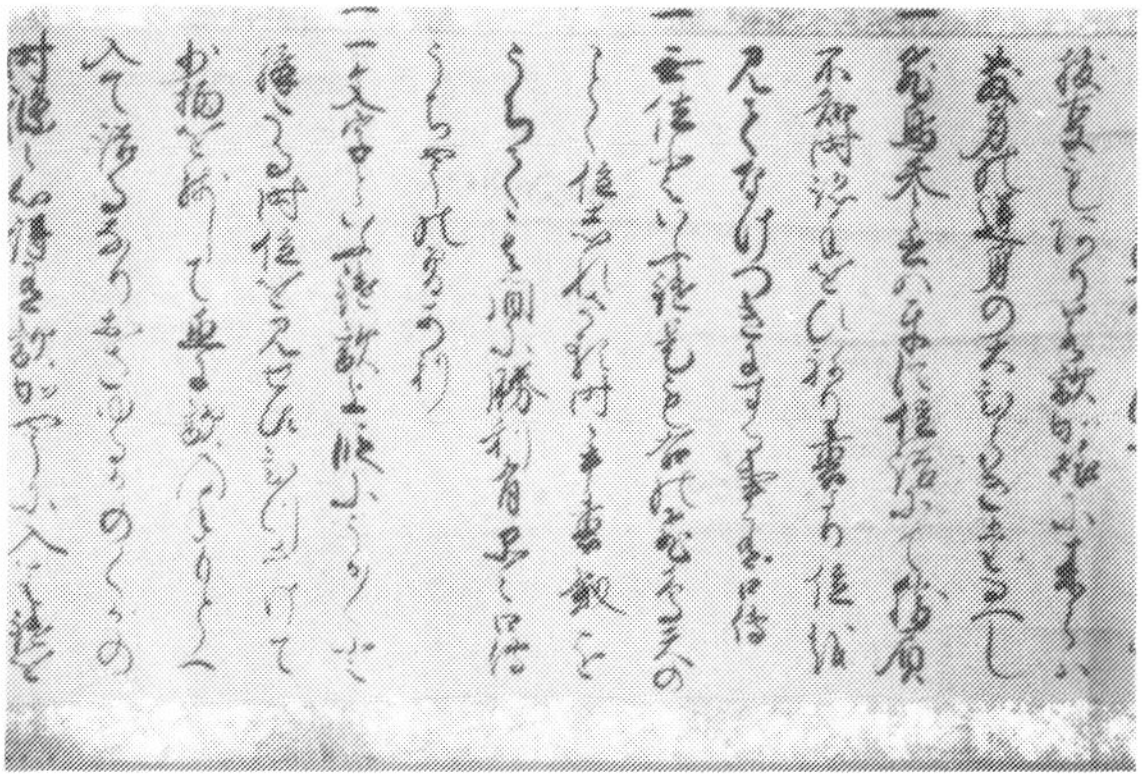

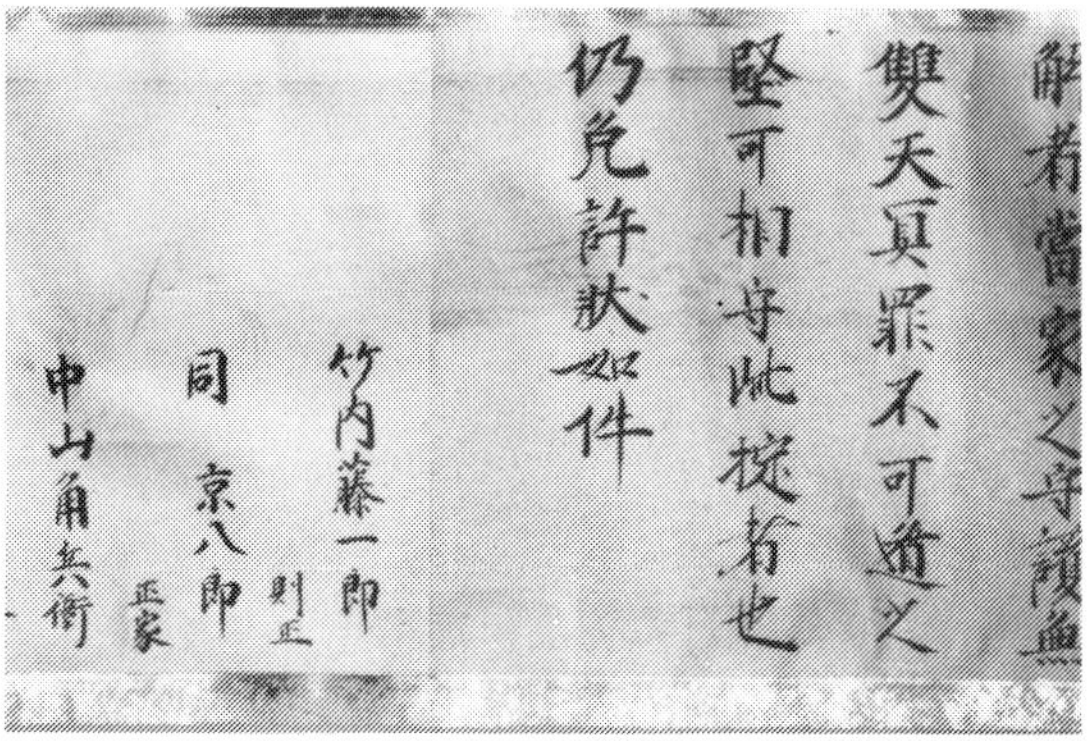

者當家之守護無
雙天冥罰不可遁之
堅可相守此掟者也
仍免許状如件

竹内藤一郎 則正
同 京八郎 正家
中山角兵衛

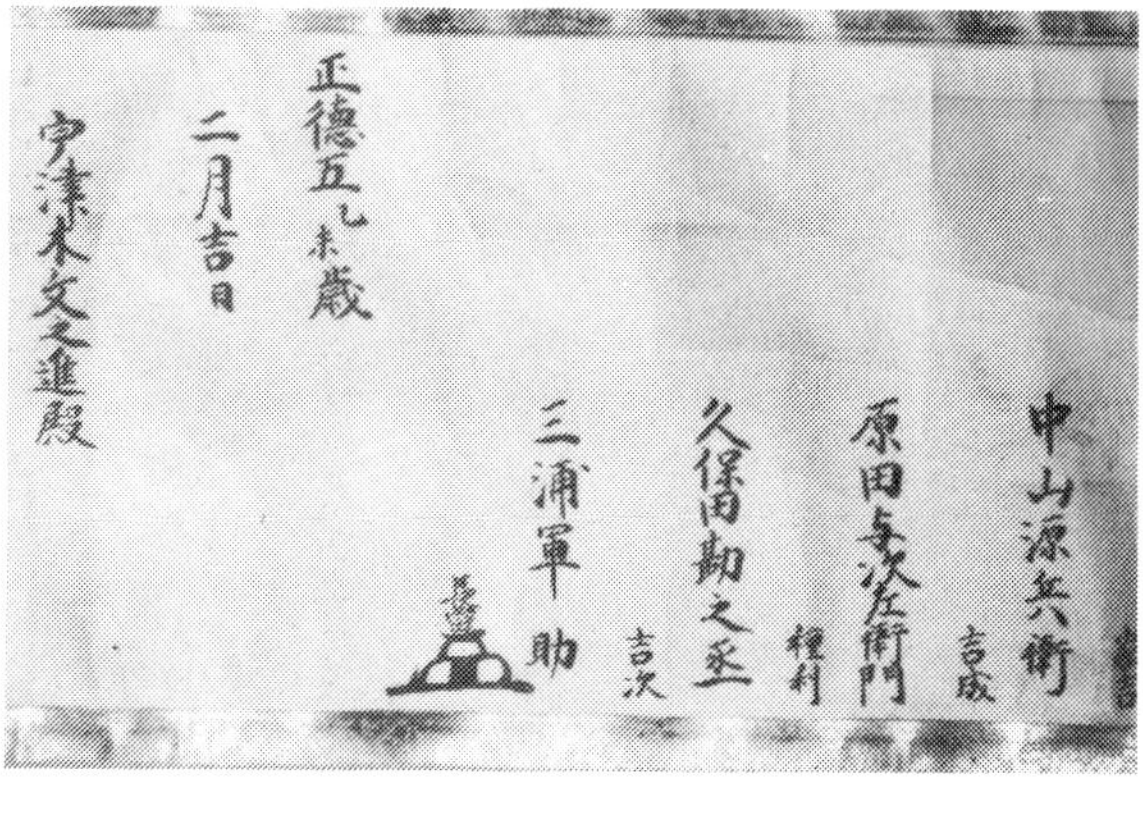

中山源兵衛 吉成
原田与次左衛門 種利
久保田助之丞 吉次
三浦軍助

正徳五乙未歳
二月吉日

宇津木文之進殿

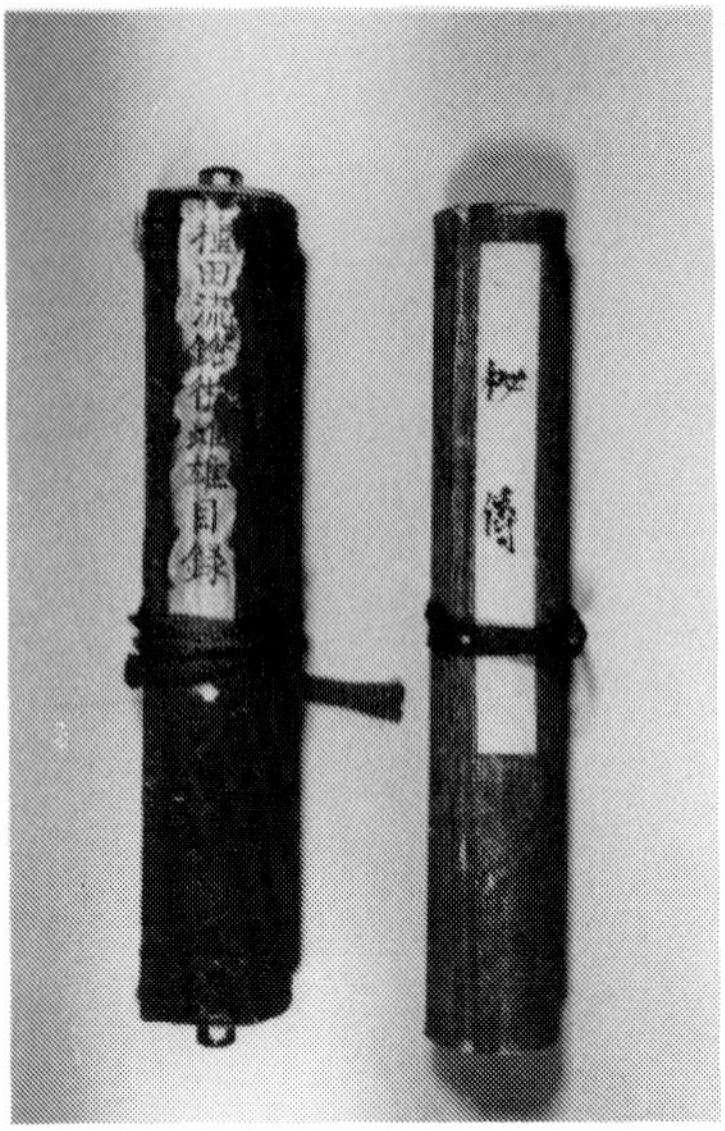

（右）香取流槍術巻物

（左）種田流槍術雌雄目録巻物

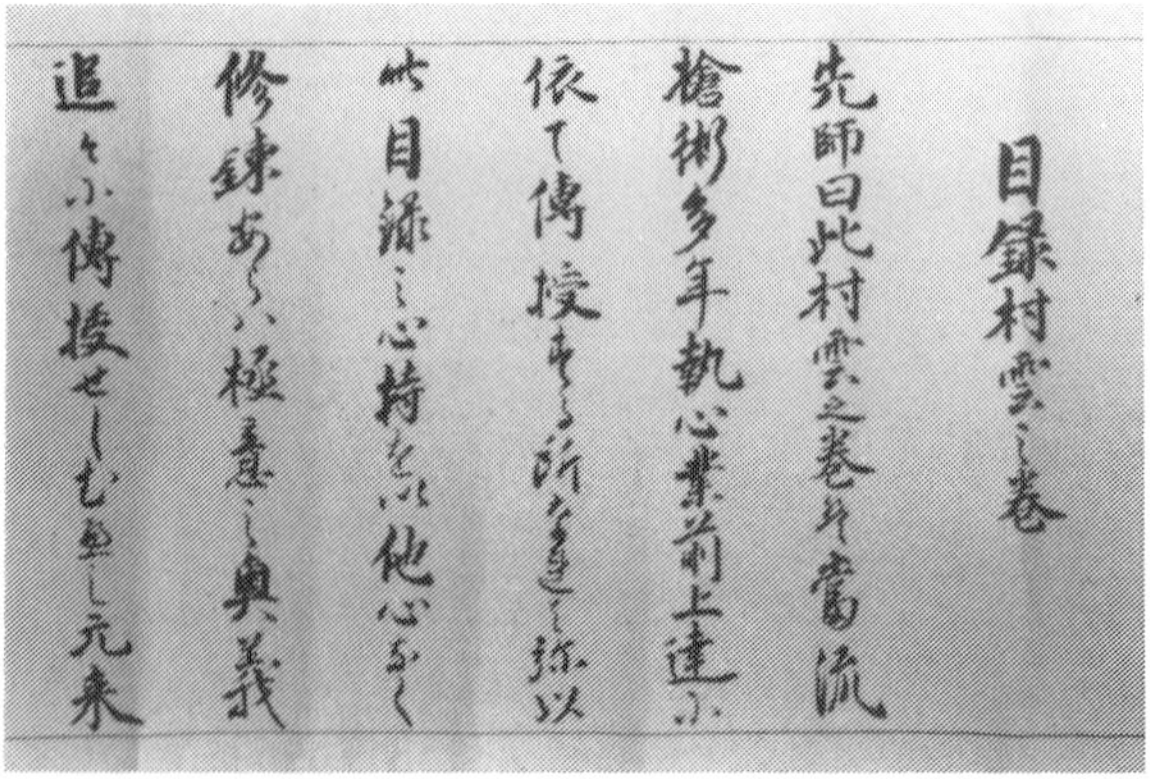
目録村雲之巻
先師曰此村雲之巻者當流
槍術多年執心業前上達ニ
依て傳授する所なり猶以
此目録之心持をは他心なく
修錬あらは極意之奥義
追々ニ傳授せしむ者也元来

香取流巻物一部

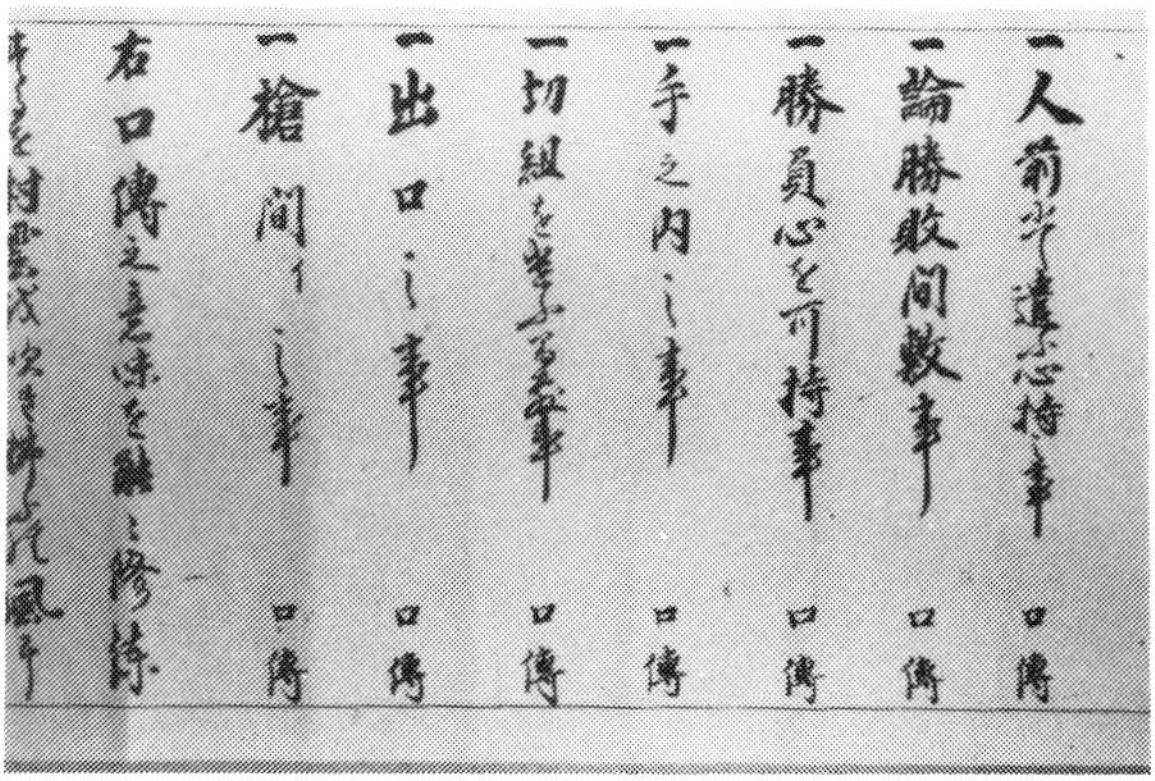
一人前之道心持之事　口傳
一論勝敗間敷事　口傳
一勝負心を可持事　口傳
一手之内之事　口傳
一出口之事　口傳
一槍間之事　口傳

香取流巻物一部

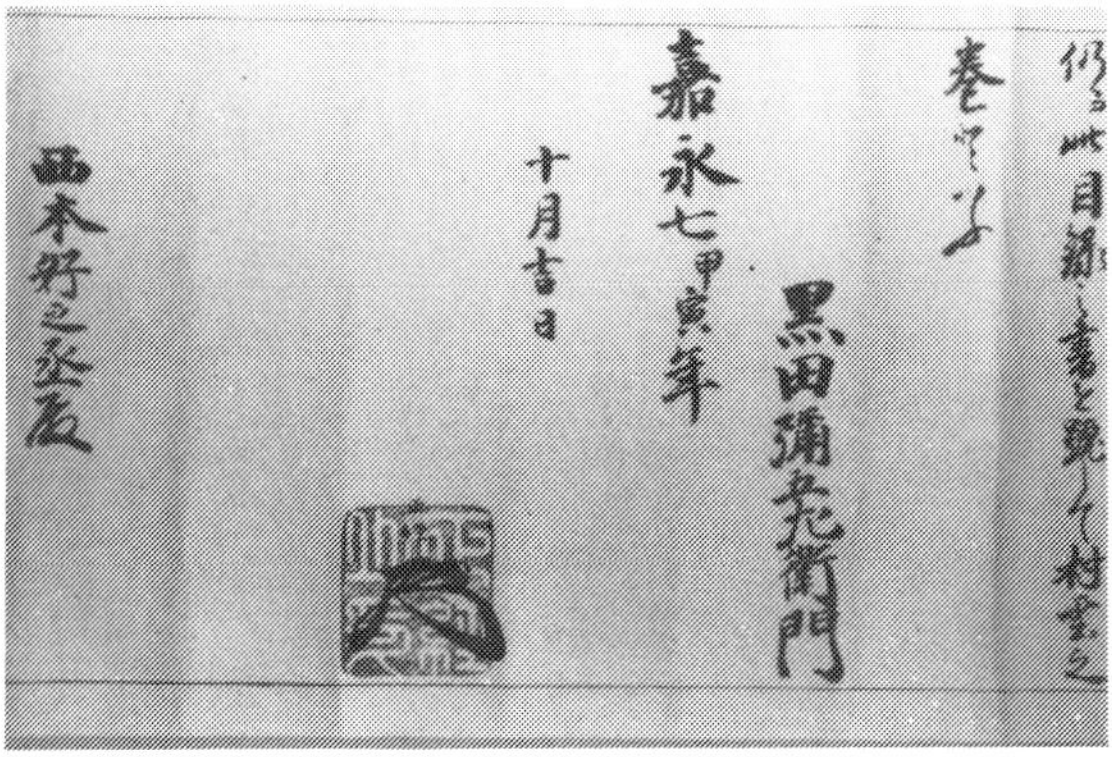
嘉永七甲寅年
十月吉日
黒田蒲兵衛門

香取流巻物一部

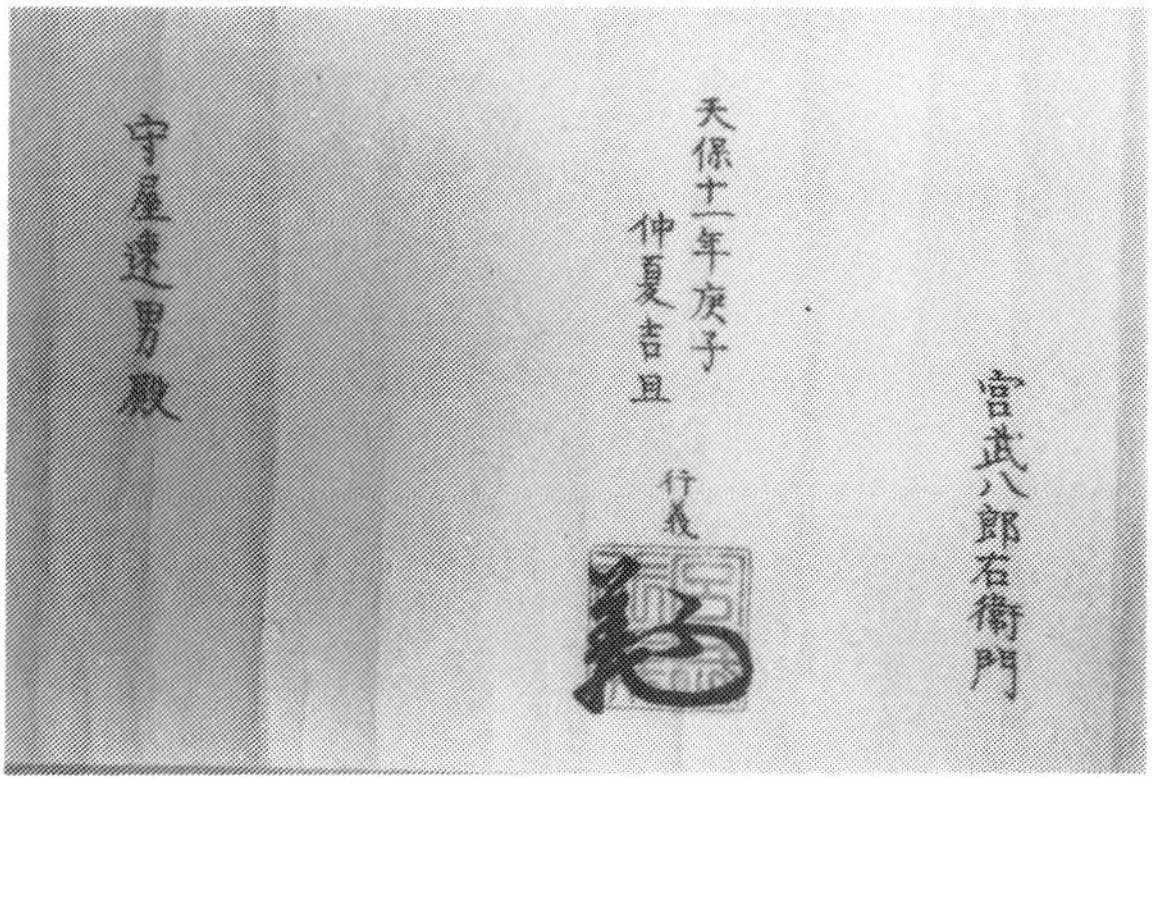
宮武八郎右衛門
天保十一年庚子
仲夏吉旦
行義
守屋達男殿

種田流の免許の巻
相伝者名

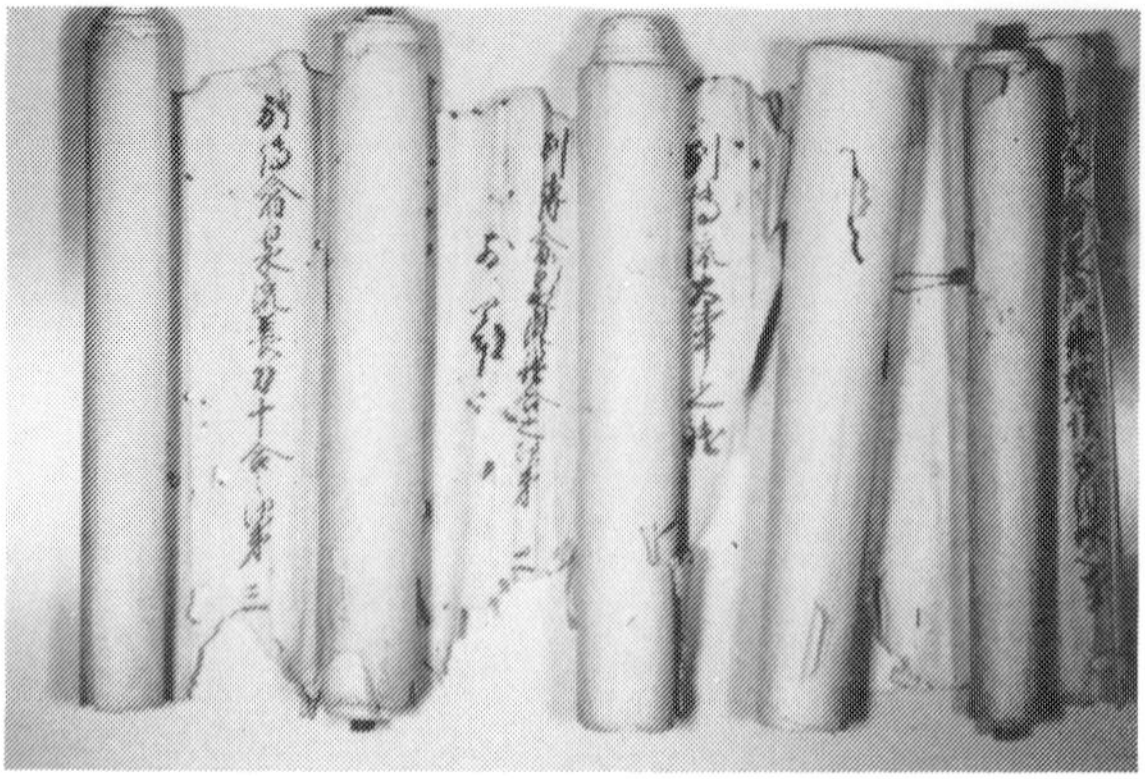

別伝流秘伝書　五巻

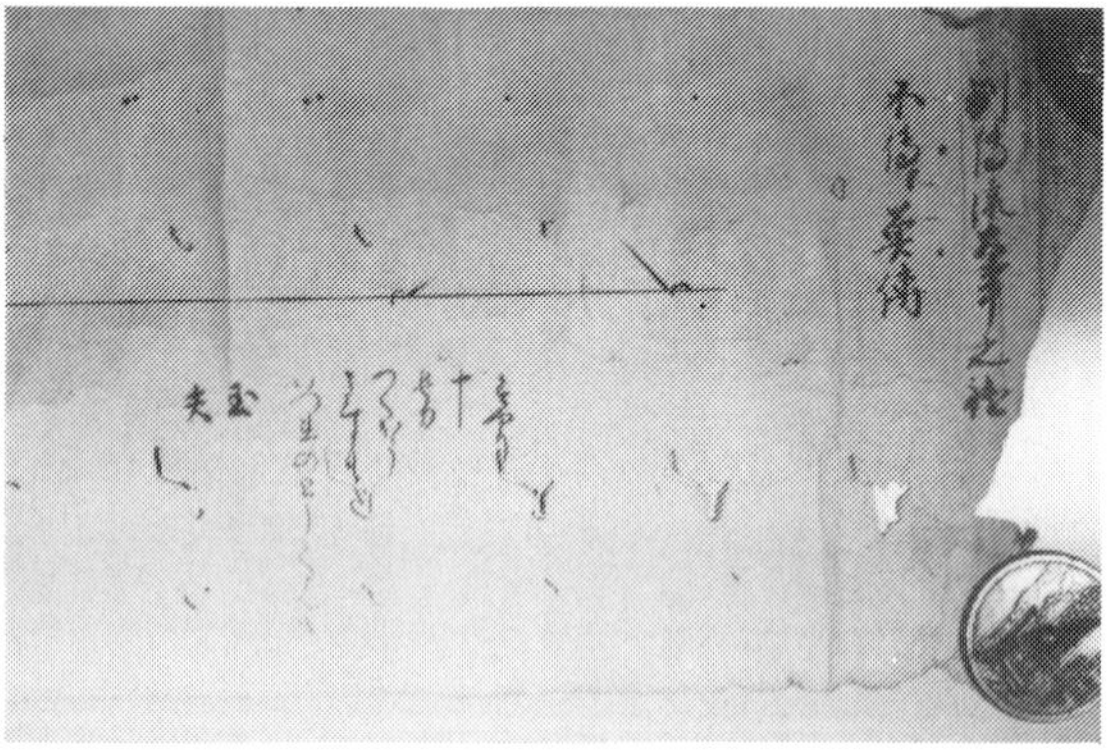

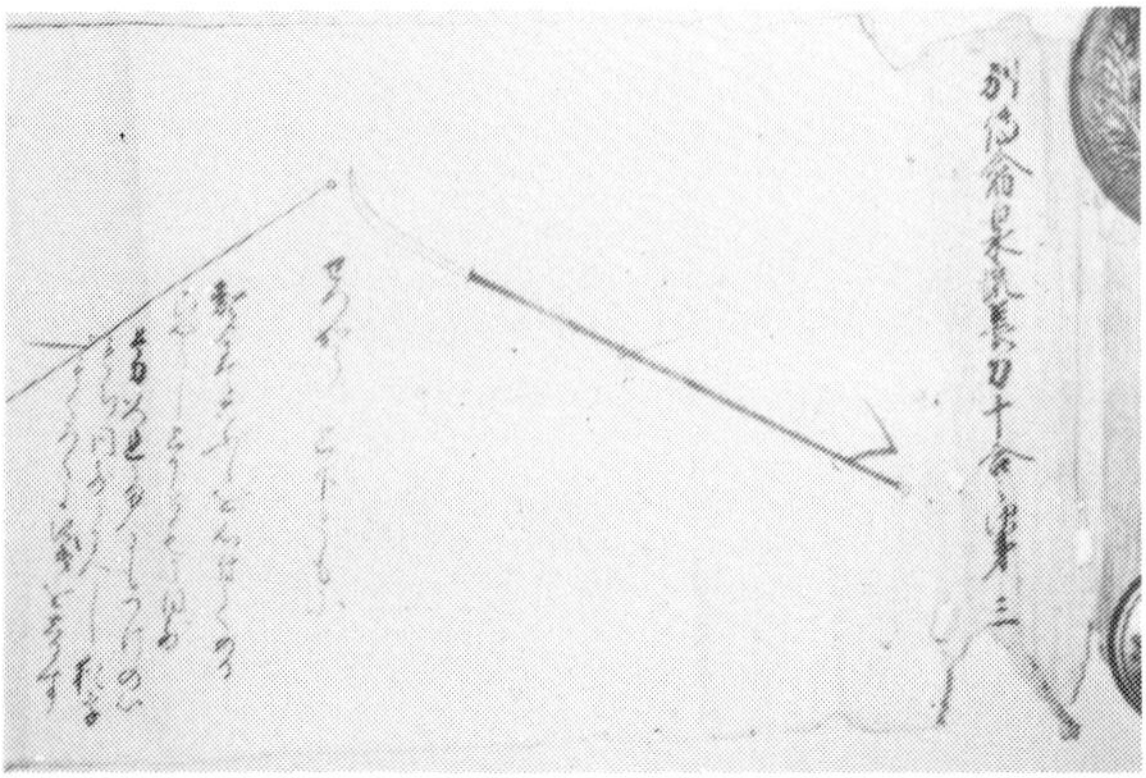

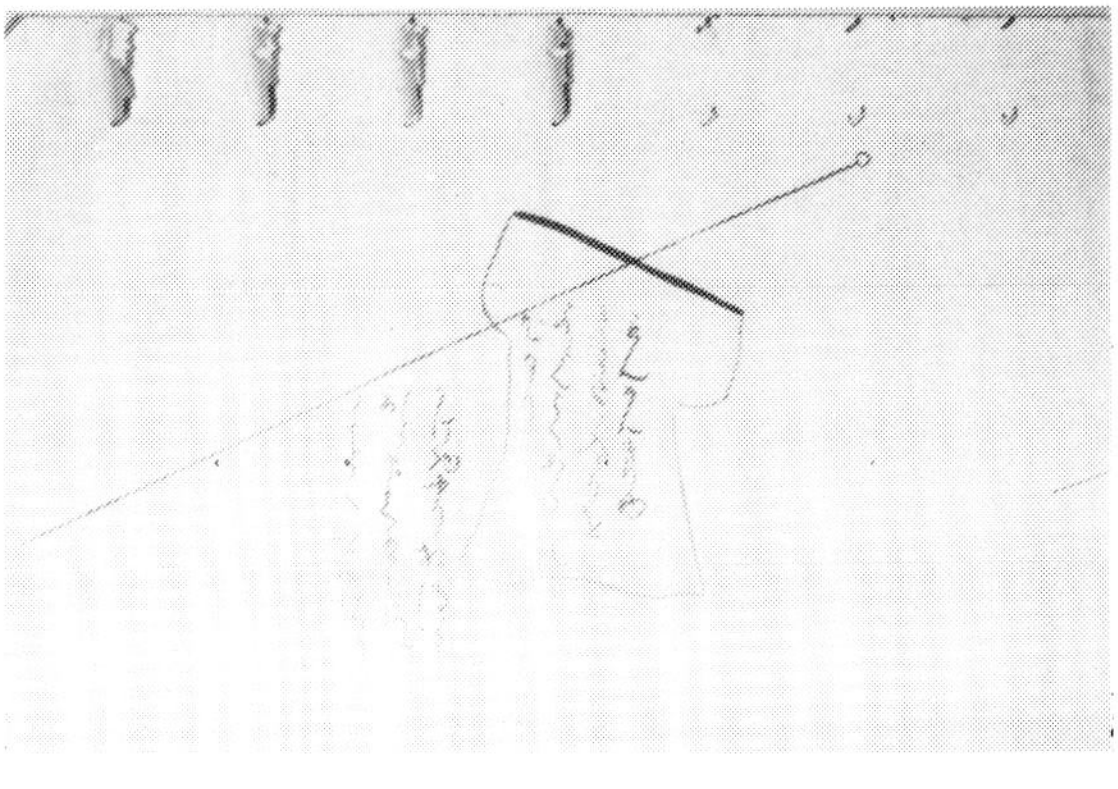

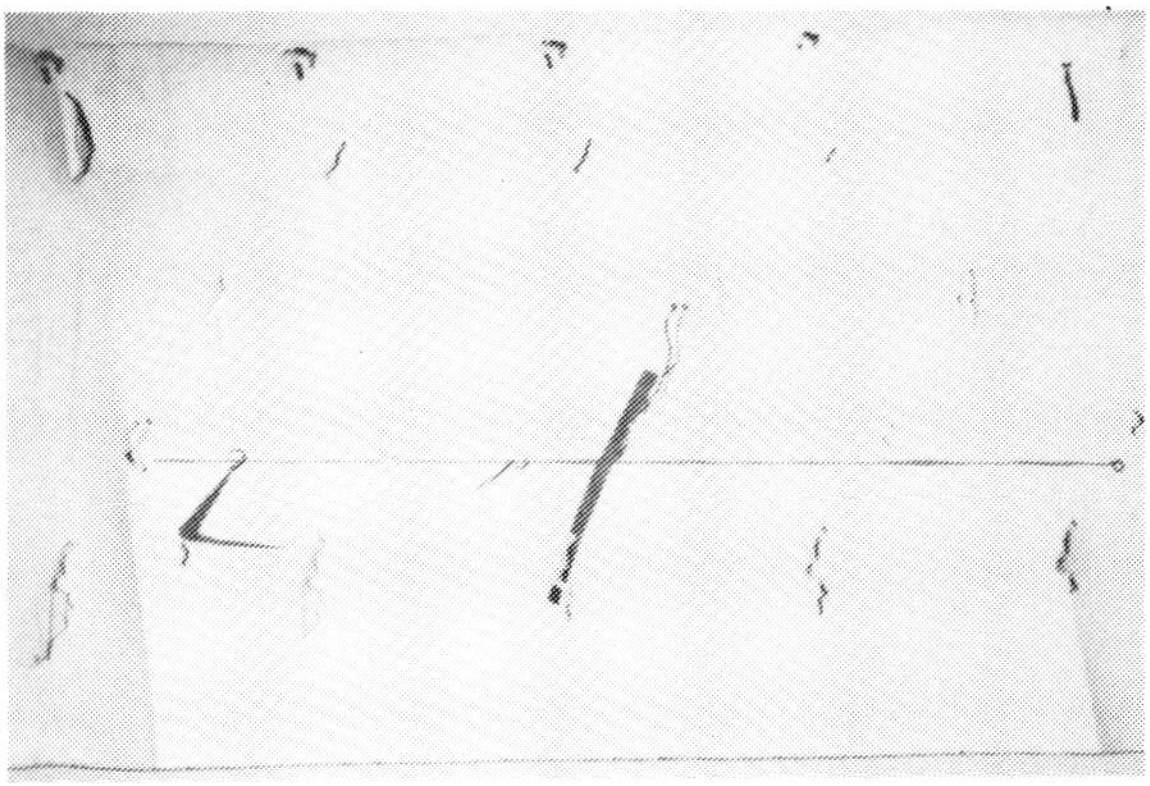

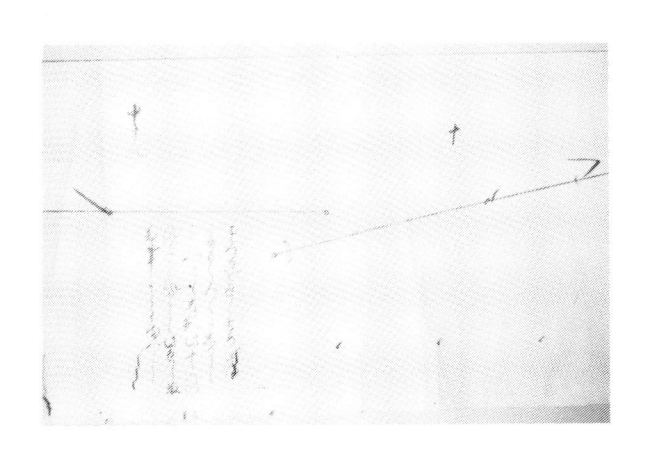

萩野流巻物に見る

一 挟 矢先のす
一 下矢先のす
一 間数目付のす
一 露盛矢倉のす
一 銘前打扱のす
　　付下知のす
一 火縄のす
一 火縄挟扱のす
一 火縄隠しのす
一 引味之す

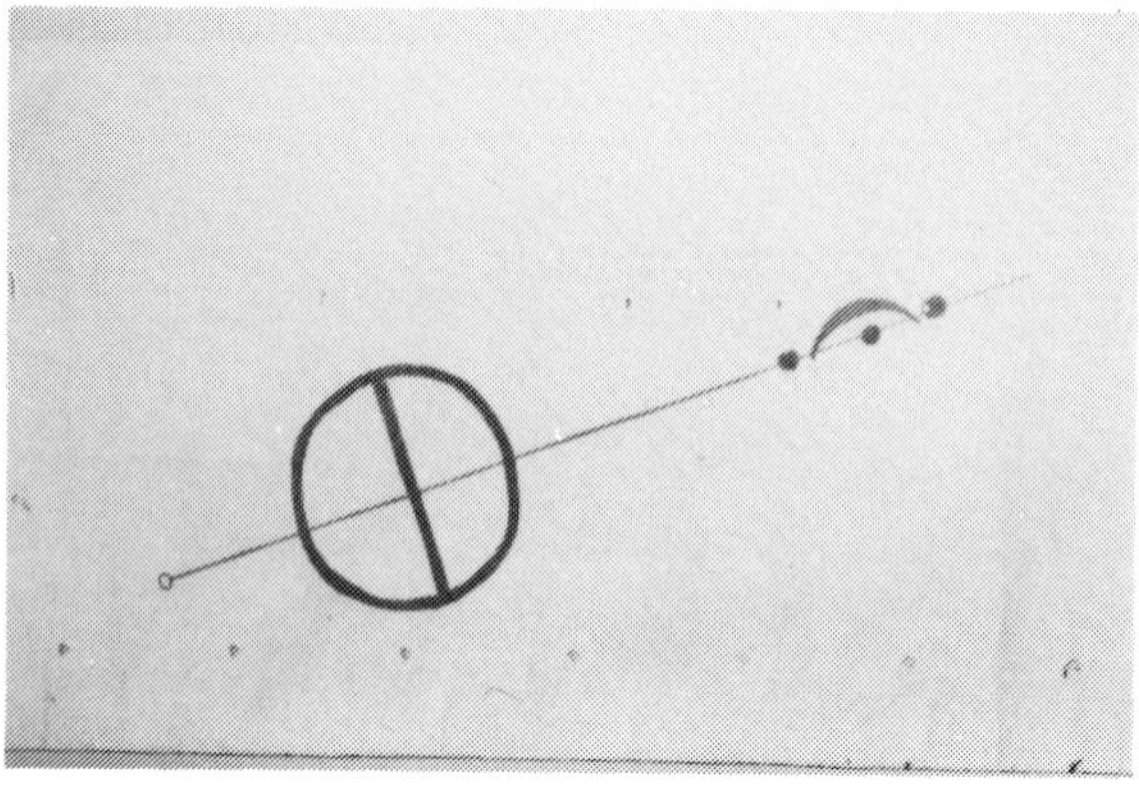

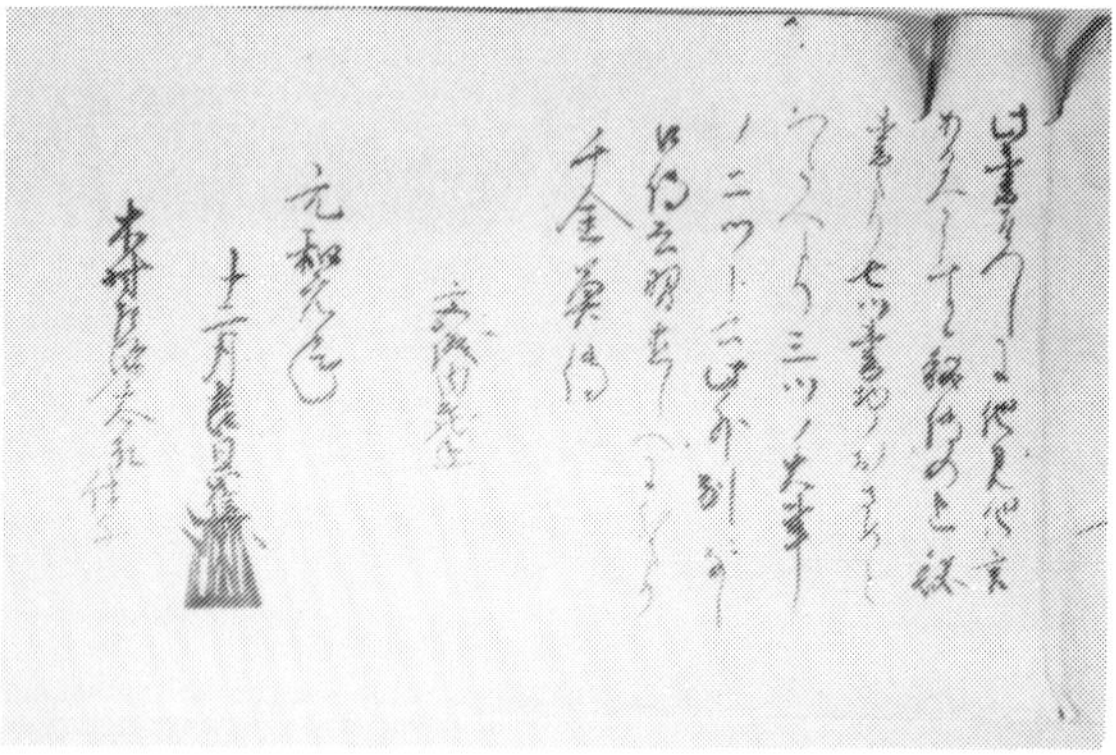

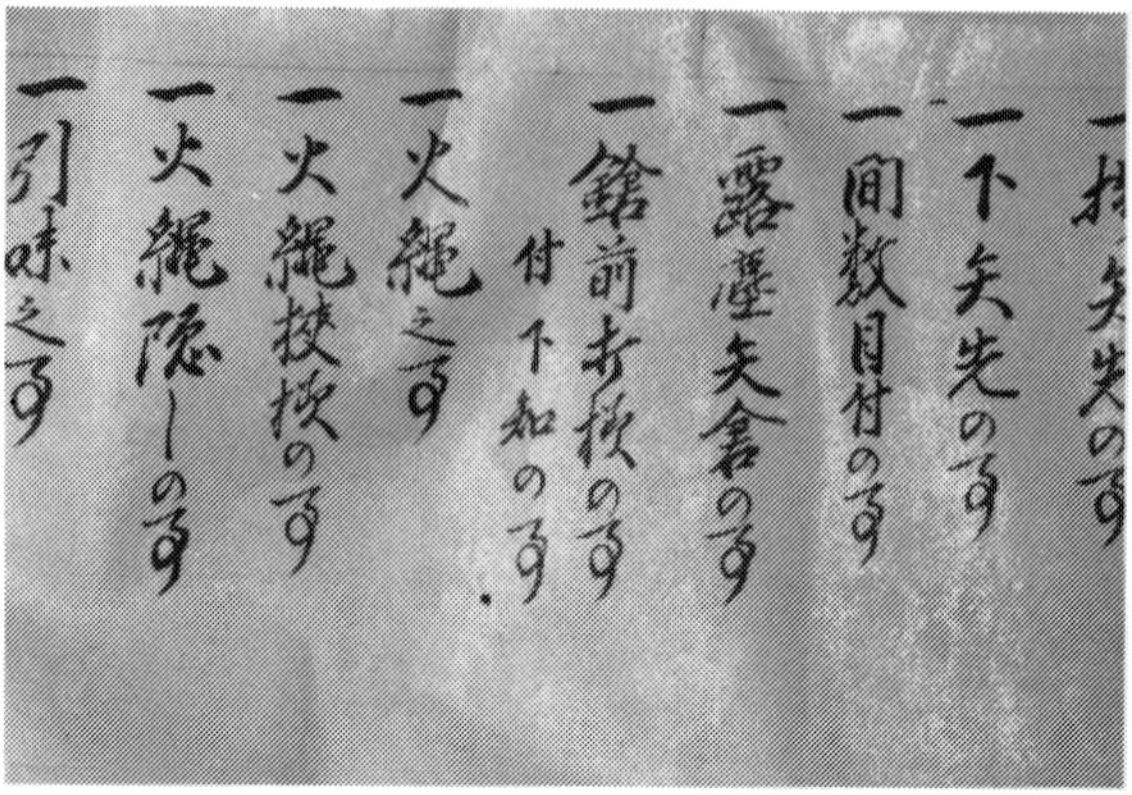

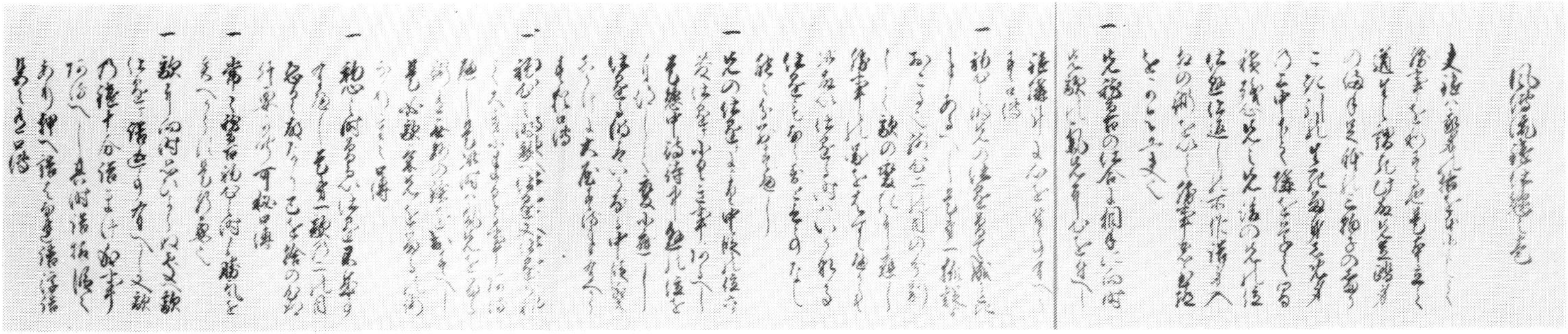

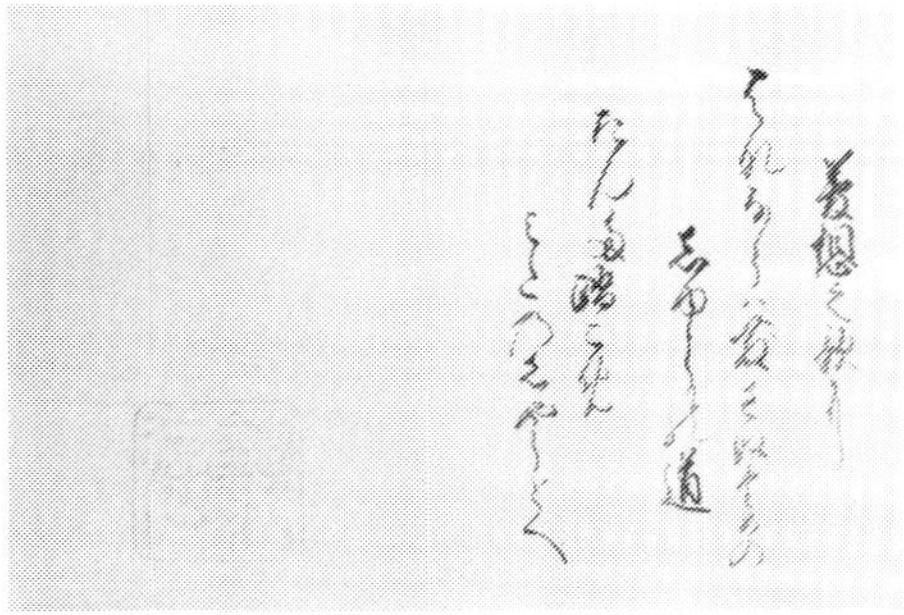

風伝流伝書

槍の種類

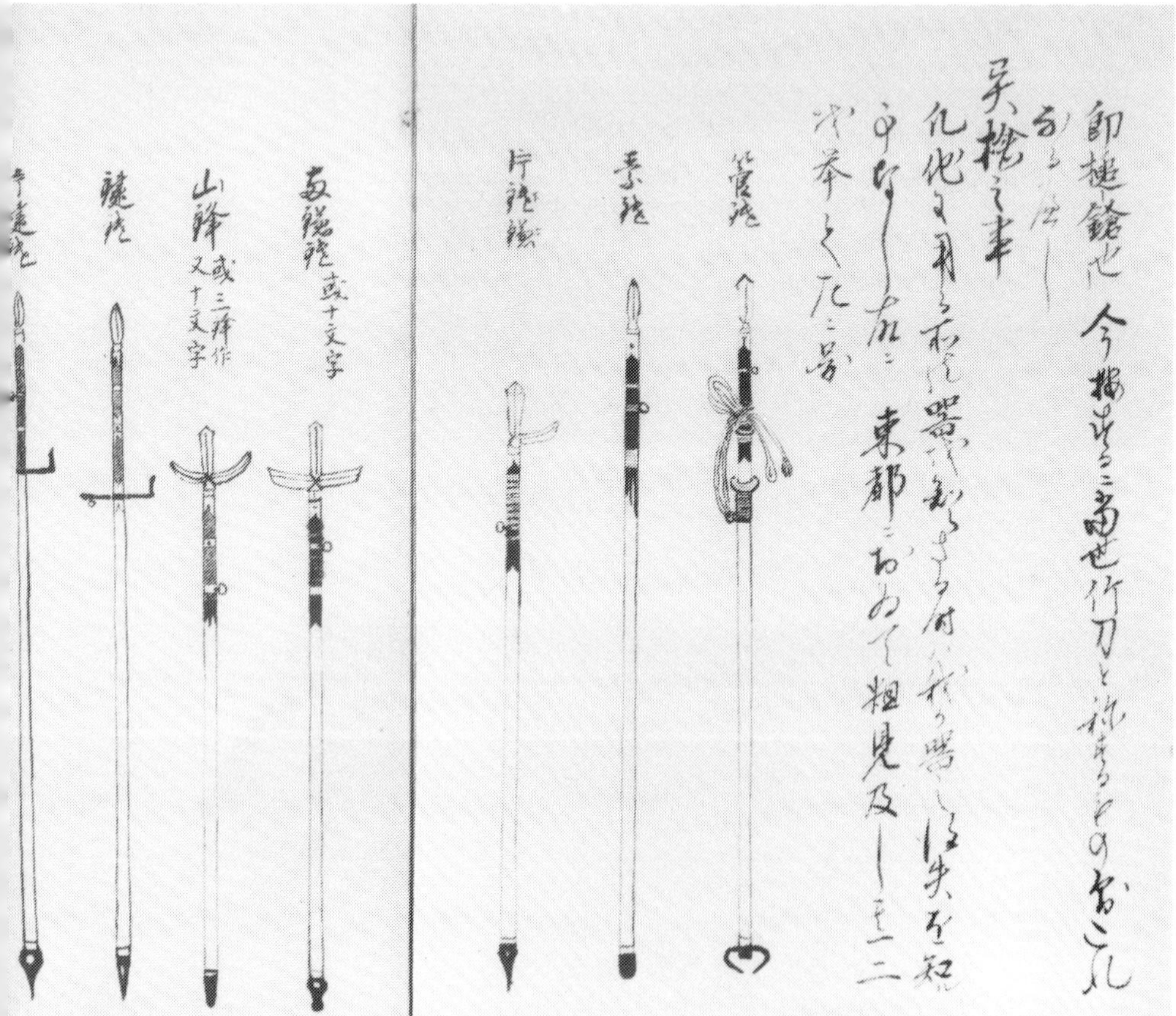

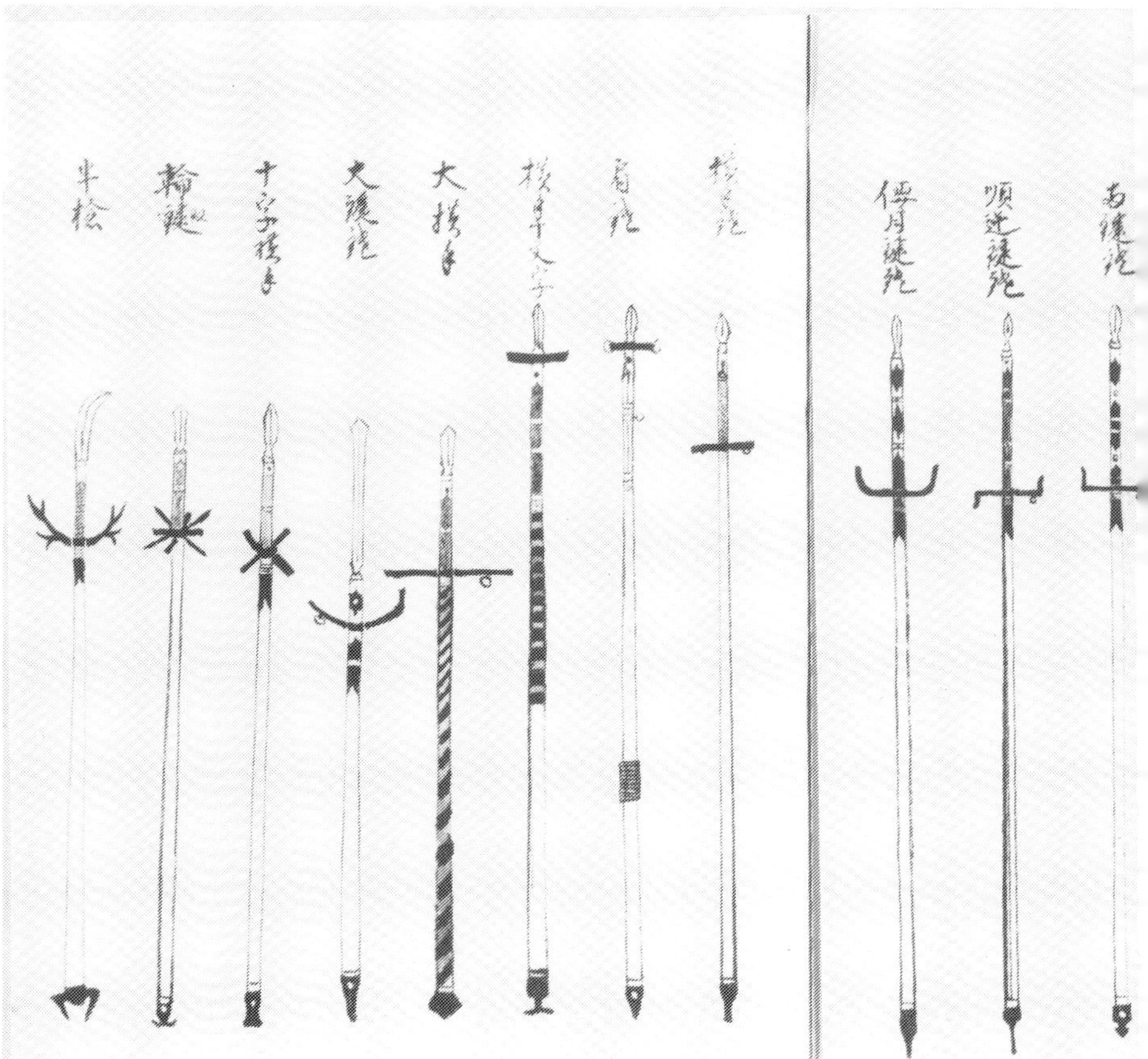

発刊によせて

衆議院議員　友納武人

比の度、日頃御尊敬申し上げております初見良昭先生が新著を発刊されますことはまことに事宜を得たことと、存じ心からお喜び申し上げる次第であります。

先生は当世稀れな武道家であられ、殊にその立論の根底を、我国古来からの伝統に置かれながら、広く国際的な視野を加味され、縦横にその教義を拡めておられますことは、ひとり、我国だけでなく全世界のために極めて喜ばしいことと存じております。

先生は国の内外から尊重される存在となられましたが、身辺を飾らず、質素な御生活に甘んじておられますことは誰もが知るところであります。

この著書が、先生の教義を更に多くの世の人々に拡める縁となり、広く江湖の人々に益するものと信じて疑わないものであります。

序文

人類が、長い柄物に、先のとがった形状をつけて、獲物を突きさしたり、土を掘ったりすることを発見した。遣り手エイプルマンが、槍術家原人と称してもよいだろう。

　槍の歴史、発生については諸説がありますが、私の今回の槍術の本の出版目的は、槍術そのテクニックを主流といたしますので、それらは師伝された伝書にもとづいた一部にとどめたいと思います。

　槍術が非常に使われ、テクニック的にも上昇したのは、主に戦国時代と言われておりますが、私の修行した流技は、古くから秘伝として伝えられておりました。その証明の一つとして、こんな記録が残されております。伝書の原文のまま紹介しましょう。

「紀元前五百五十年、仏教徒、吠檀達、磯城に住してから、入鹿の当時、七千五十三戸、二万数千人の吠檀達とはなれり、盛力あなどり難し、故に統一に困難なる事、ばかり、神等集り、譲り給うて、楯法の用意を設けらる。

　楯法とは、九つの武器の法である。

一、**築城**　石塀、石室の事

二、**十字石**　✡ 十字にて六角の石の事

三、**弓**　桃の木　矢は鷲の羽の事
　三尺程の弓也

四、**剱**　将軍木の先に、石刀をつける事

五、**槍**　将軍木の六尺の先に石の先あるもの

六、**棒**　八尺にして将軍木

七、**矛矢**　三尺の将軍木、棒先槍の如く両端切れるもの

八、**矛**　槍の両端切れるもの

九、**天門、地門**　馬、軍略等

　右（上記）楯法と言う

　後延元年間、当時より、剱も槍も、武器も、ほとんど近代的となる」と、槍のルーツを発見するのに非常に、参考となることが書き残されておりますが、戦国時代、何故、槍術が重要視されたのか単純に考えてみましょう。鎧や、兜で武装したその相手と闘う時、太刀よりも、槍の方が利点がありました。兜や、鎧で身を固めた敵に対し、太刀で斬り込んでも深手を負はせることは至難な作業でしたが、槍だったら、鎧兜を突きぬく、叩き倒す、払い倒す、鎧兜の隙間からもやすやすと突き込むことが出来たからである。そこで太刀より槍の方が十倍利点があると云うことを悟ったからです。剣の名人と後世になって言われた、兵法者は常に戦陣では、合理的かつ有効な武器を使用いたしました。飯篠家直は長刀の名人であ

り、飯篠若狭守は、神流槍術の使い手であり、塚原卜伝は弓術の名人である。そして、卜伝は、本間勘解由左衛門に対し槍術を伝授している。上野国の一本槍とほめたたえられた、上泉信綱も剣法の名人であると共に槍の名人でもありました。

古くは槍術の秘伝として撞技の巻に残されているのを見ますが、流と呼ばれる時代時代に生じた、有名な、槍術の流派の一部を紹介してみましょう。

室町時代
天文年間　四條流、三位一條流、八條流
永禄年間　虎尾流
安土桃山時代
天亀年間　樫原流
天正年間　宝藏院流、大滝流、富田流、打身流、本心鏡智流、中村流、般津流、木下流、淡雙流、中根流、佐分利流、大島流、一百流、離想流、一旨流、宝藏院高田流、槌神三寶流
文禄年間　無辺山本流
慶長年間　無辺流、本間流、真柄流、建孝流、下右流
江戸時代
元和年間　疋田流、正應神伝無想流、別伝流
寛永年間　種田流、大島流、樫原流、京僧流、無辺流、寶藏院流
承應年間　自得流
寛文年間　新天流
元禄年間　一中派本心鏡智流

まだまだ沢山の流派がありそれに比して槍の形状も多く樫や、白樫、ビワの木等を用いる。竹槍は竹先をとがらしたもの、又竹をさいて合わせて柄として槍作りにするもの、長槍と言い一丈異常の長い柄づけの槍もありました。

又、鐵槍と言って、鉄柄のもの、鎌槍と言って槍の穂先が鎌状をなしたもの、三本槍、管槍、鉤槍等…。

柄のしかけや、穂先の形状についても分類することが出来るものです。素槍、袋槍、鎌槍、十文字槍、菊地槍、片鎌槍、大身槍等々……。

必然てき、槍の形、姿と共に、心槍一如となって、槍術が千変万化の神技を生み、その時代、又は後々の語り口より、宗実の要を生んだのである。それが、流宗となったのであります。そこで、私の所持しております、各伝書を紹介すると共に、古くから伝わる巻物を見ていただいて、槍術の想いを、脳裏に浮かべながら、古伝にのっとった、素晴らしい槍術を現代に復活させて戴きたいものです。

さて、槍術についての記録が、私の継承しました伝書の一部から紹介してみます。

この記録を見ますと、体術を根本として、そこに槍術が生長し、槍術の名人が生まれたのだと言う過程を伺い知ることが出来るものです。

神伝不動流打拳体術伝書を見てみますと、

永久年間神門出雲卿士出雲冠者義照に始まり、正長年間神門小冠者義兼に於て馗神不動流打拳體術、剣法、槍術にして此流名が始めてである。

本流の水原九郎義成は、陸奥みずはら城主で、義経の落裔と言う伝説があるが、建久七年頃、打拳體術、馬術、槍術、剣法共、神伝不動流一剣一閃眼に止まらず居合の達人だったとしるされている。

天津韛韜馗神秘文に剱槍秘想遍巻二巻残されてある。等々……

昭和五十九年一月二十一日
雪降る虎の日に記寿

白龍翁

武神館道場槍術の一巻

◎もくじ◎

快攝型

快摂型

槍術を会得しようと思う前に、槍術についての心得を会得しておいていただきます。その為には、現代的に説明を加えて、解説型としようと思いましたが、やはり古伝にのっとった書体を勘知して槍術の能力としていただきます。

秘槍の解説

凡不言槍術敵戦之道禮欲ㇾ嚴技欲ㇾ正力欲ㇾ寃気欲ㇾ必勝心欲ㇾ一凡槍術之道等道義示ㇾ弱勿論正技身體従横如飛鳥勇揮靜淑退畏則密危則突進落付放ㇾ則不ㇾ畏邇者勿ㇾ乱則爲突進籌以技敵察顔色以當ㇾ之秘槍劍極意也

秘槍術記録

日槍術人戒分日人禁不息不可取大食方其疑惑足小食以凡戦以力久以気勝ㇾ以固久ㇾ以危勝本心固新気勝以理固以ㇾ技勝凡変化以ㇾ密固敵以何固我爲ㇾ靜固心以ㇾ一勝人有勝心惟敵之視人有畏心惟畏視両心交定両利若ㇾ一両為之戦惟權視ㇾ之凡戦以ㇾ軽行軽則危以ㇾ重行重則無ㇾ功以軽行重則敗以ㇾ重行軽則戦故戦相成軽重

右の記録は槍術必勝の法とせらる、且し槍術に限らず、剣、其の他一切、十八般、略転の心得たるべし。

以上、解説型を快摂型として説明いたしましたが、書体が違う、文体が違うと云う学者型の方が沢山いらっしゃると思いますので、あえて古伝のまゝ槍術型を槍実型として説明を加えたと云ってもよいでしょう。武芸、武風と云うものは絶対に文体では説明はできません。常識的な文体では不可能なことなのです。そこで文妙（たい）の法を用いるしかありません。おわかりかと思いますが、皆さんの眼からでは絶対に発見出来ないものが、あまりにも武風にはあるからです。秘槍の解説、秘槍術記録を、読むのではなし、肌で勘知するよう、何度も何度も味わって解説型の深味を会得していただきたいものです。伝書は眼や知識で読んではいけないと云うことも知っていただきます。

陣場礼〈立礼〉

① 立構

② 右足引いて

③ 槍を開き禮

④ 左足を引き立つ

⑤ そのまま三歩後退

⑥ 目的に向かう

陣場礼〈座礼〉

① 右大腿に槍をのせ

② 槍開き

③ 禮

扞法

①
征眼の構
右足を一歩退き槍先を相手方眼につける、一寸腰落し石突は下り眼なり

②
足を動かすことなく身体の振動により突き出る

③ 体振りを返しながら退きの体構、右肩に右手を位付ける

④ 再度体の振る調子にて敵の胸部に繰り出す

⑤ 素早く②③④の動作を繰り返す

⑥ 敵隙を見て付入らんとするを勘知するや、我れは左足軽妙に体柔にして捩り振りの慣性にて引きながら体の敵の左足を拂い倒す

摧

摧

扼

時

⑦ 転倒する敵、石突きにて捕り当てに極める　残心

妙奇の構

スナップ

四方技

①
流水の構
槍の穂先は下流に向けて位しながら右手柄握り手は軽く頭に止め左右の足の間覺は二尺程開く膝は前屈後屈自由なること

②
左足一歩浮踏に前進
槍先体一如敵の胸部心中目差して繰り出でる
但し槍体繰り出し早きも繰り引きなを早き事

③ 手元に引き流水の構

④ 身瀬突き

⑤ 右に開いて再度の攻勢より引き転の位より石突にて敵の左横面叩き打ちに出る

左横面

⑥
流体のまゝ槍一転　左手放ち

⑦
一転中空　右手そのまゝ

⑧ 左手は右手の後方に握りをかえて左突きにでる
槍やすいと云う口伝を会得する

左突き

上から下へ落し突き

⑨妙変石突きにて敵の下段を撥ね上げ極める

残心

妖気の構

スナップ

飛鳥枷

①　中段の構
槍先敵の胸部におく

② 突き入り

③ 右側に飛び退きながら左手放ち

④ 石突の方の槍柄を左手にて握りながらの流れの体

⑤ 左手を放ち槍先天空に浮かせ

⑥ 左手右手下柄を握りとりながら鋒先、刃面にて横しばき即ち突き斬り又は斬り込みとなる

⑦ 敵の体の左側雨戸より上肢、胴、いづれにてもよし体の変に応ずるものなり

十字路突

肘の腱を斬り

流れの急所斬り突

⑧

槍手元に引いて

⑨ 突き入るなり、敵体点自由突きのこと

⑩ ③④⑤⑥⑦ 再三再四、この飛鳥の様を錬磨の事

残心

一転の巻

スナップ

一突挨法

①
上段の構
槍を頭上に差し上げた構

②
左手放ちながら抱囲の構

②
左手放ち右手片手にて振り投げ
槍の要領で
左に体変しつつ
槍持つ左手を放ちつつ

④
刀体を支点として変化もあり

⑤ 敵の左横面を鋒先きにて打ち入りながら

⑥ 体を落としながら左足を一歩引きつつ

⑦ 左突きにて敵胸部に突き入る胸部ならばいづこにてもよし

一擣三當

①

詒変の構

これは敵を欺く構えである故に欺く体構にてきまりなし

②

右足避け引くと見せて突き入りながら

③ 右足詒足に進めながら石突にてしばき倒す
石突きにて突きと云うより詒心の体にて石突き方にて詒倒し

④ 左手槍より放ち廻し

⑤ 左突き斬り右手下る
落とす気しかる後左右天地
突き入る

⑥
右足一歩体引きに構えつつ体
変同じうして右手放ち
槍先飜転しながら掌に柄流し

⑦
大突きに飛ばし槍先を伸ばす
こと両握手は石突の方となる

⑧
体も伸びて
槍引くに気より体槍の柄
に伝わる如くして突きか斬りか

⑨ 槍拍子に捕りて

⑩ 槍体一如の突き貫きの事

スナップ

撥推

槍下段の構　三つの構えあり

① 槍先下向けの下段

②
槍先一文字下段

③
詒変の下段

④
①②③下段の構より

⑤ 敵の胸を突きに出でて

⑥ 左手無刀捕型に出て

⑦ 左手放ち槍先後に返しながら柄石突側を左手に握りつつ槍右より敵左足に方向に廻し

⑧ 左足拂い、又は拂い突き、別名投げ突きと云う

⑨ 右足を引き体変しつつ左手を我が右横前に出しながら左手を後方に押し放すごとくして槍先敵の方向に向けつつ

⑩ 右手柄後ろにすべらし、左手槍先側をにぎりつつ

⑪　突き
首突き入らば俵投げにしてぬく
残心

蹴り訩変

スナップ

秘槍

① 槍中段に構える

②
敵の胸に突き入る

③
敵槍をいづれの方にか避けんとする前知しつつ右足一歩進出体のひねりと相和して石突にて敵の下段を撥ね上げる。

④
この撥ね上げは下段と限らず閃摧両腕朝霞等撥ね込みやすき閃撥の事
下段を当て抜きしつつ相手の左手より押えつつ

⑤ 撥ね体変えし槍先返し斬りの意気にて

⑥ 我れ右足引き槍中段左手を出す気のまま

⑦ 小手突き、天地四方自由突きに行くつつ

⑧
下段撥ね上げる詒変秘槍の虚

⑨
勿ち右足引き坐し潜り変より
秘槍、敵の一剣を巻き上げ

⑩
槍支点とし体立ち廻し

⑪ 敵体も空に巻き上がる敵体より日差し出づる

⑫ 槍先の気尖により槍で突くことなく体の突きと

⑬ 日差に誘はれて突き光る、これ探ぐり突きとも云う

天地擢

①
構型なき、心構にて、敵抜刀せず来る

②
抜刀と共に左手泳がせる虚槍も半転泳ぐ

③
敵来らば槍先にて体変の空間にて突きぬの気

④ 石突きにて天に浮かしつつ

⑤ 敵さけつつ剣を十分に打ち振る左足引くか右足引くかは敵の流れ

⑥ 我れ左手放ち槍半振り返し左手を柄添えに

⑦ 半振り鋒先にて敵の左横体いづれかしばくなり、しばきはづれてもよし

⑧ 我れ其の体、後方に飛び退きながら

⑨ 右手に槍の鋒先一尺下りし所を狙らい打ちぞと持ち構え

⑩ 敵の顔面めがけて投槍りの事

⑪ 飛槍と共に抜刀二の太刀の構

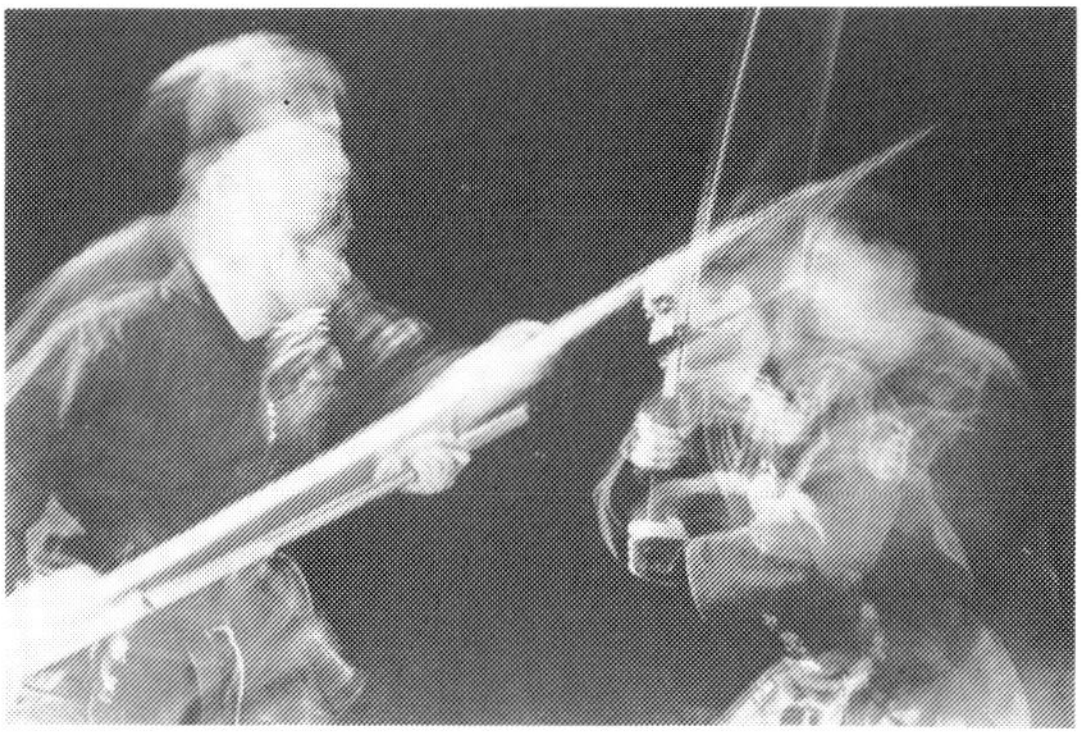

スナップ

撥捕扼

これは、我が槍敵に突入りしを敵一剣にて左右に撥ねかわせし瞬勘に行う秘技である。故に突いた後の動作を教授する

①　我れ突きに出るを敵剣にて右に撥ねかわす

②　我が敵剣にのる意気にて

③ 刀背にのり

④ 廻き上げる

⑤ 小手にからむ如くにてもよし

④〜⑤　は間合によりて変妙を生ず

⑥　突き入る

⑦　我れ突く
敵左側に剣をかはす

⑧
体入身

⑨
体跳ね

⑩
突き込み右足進み込み入りながら突くこと
この九法の威力は能く百敵に対する原則であると知るべし

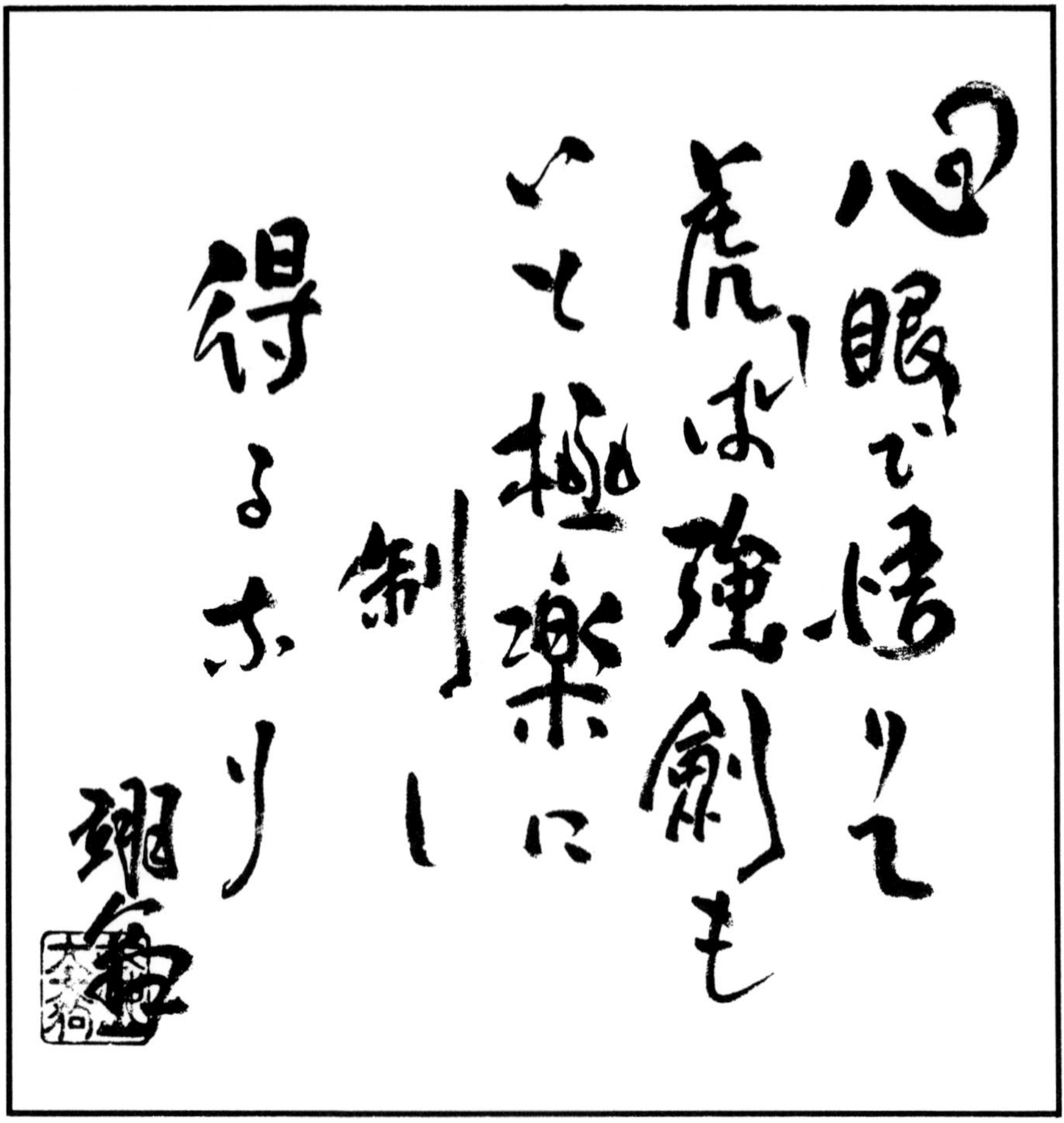
心眼で悟りて
極楽に
制し
得るなり

極意型

極意型 （霞型とも云う）

槍術の技法は、変化が少なく突く引くいわゆるやりくり型が、極意のように思われておりますが、これは大きな間違いです。これ迄の九法型扞法・四方技・飛鳥拗。一突挨法・一擣三當・撥摧・秘槍・天地摧・撥捕扼を、修業しておわかりのように、槍の横なぎ、撥ね上げ、倒す虚は突き防せんがため、敵の体を崩す痛みを入れて苦示す流れがあるのですが、ここにもいたずらに、我が意力を、先に出してはいけません。

無理に勝で十本捕ることよりも、真妙な技、神妙の境に生きるもので、捕らなくてはいけません。突入りに我力が過ぎれば槍体は、自滅するより他はありません。流動軽快艶槍雪月花に遊ぶ光陰の如詩を味わい稽古すべきである。

一文字

① 体勢は右斜めとなり左槍先下眼にて

② 右手頭上に位付ける

③ 真一文字に右手瀧落しに降下の勢にて突きに出る

④ 忽ち槍引いて石突き右廻しに行きつつ左足引気

⑤ 敵の左裾拂い

⑥
左足すすめて敵右裾拂い左足すすめるも右足引くのも自由なり

⑦
突
突きやすき所に突き止武

突きまわし

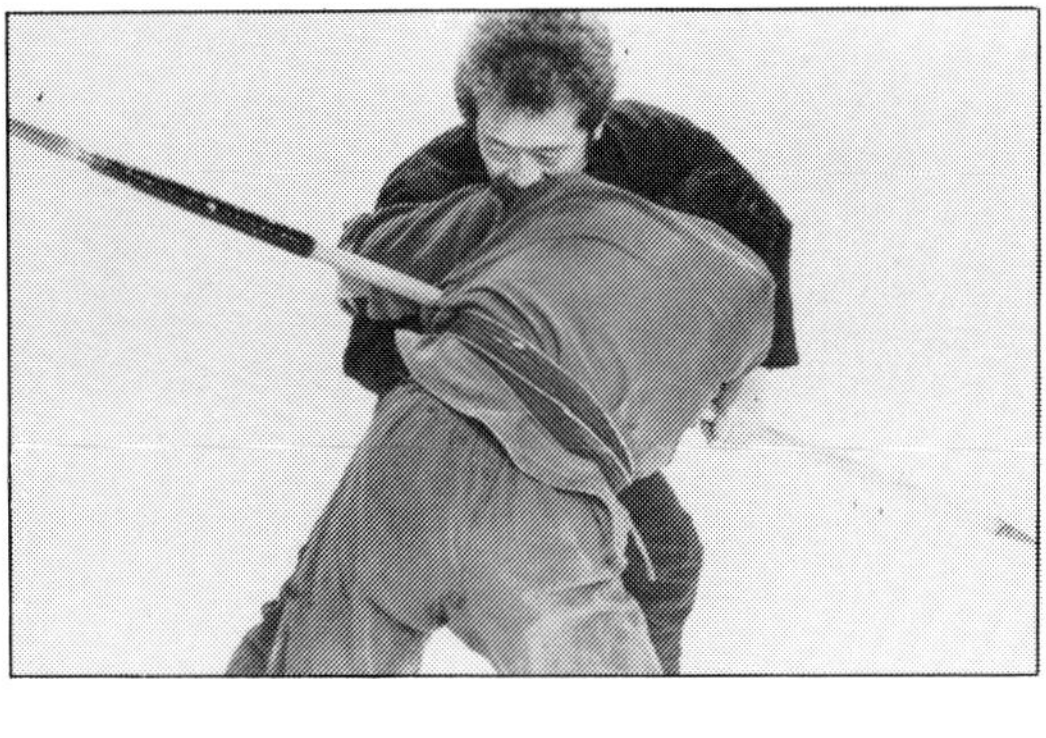

スナップ

菊水

① 前記一文字の構えと同じなり

渦巻き型

② 右手右廻しのこと

③ ②の如く槍先右巻く渦巻き型

④ 竜巻型に一天、真一文字に敵の足を隼突き

⑤ 槍先渦巻き型に気撒の構

⑥ 竜巻心の突

⑦ 槍体飛びのき

⑧ 着羽の構えにて渦か突きかの浮構

⑨ 心体一足変転同時
石突きにて左霞打ち

⑩ 石突にて刀手にかけ落とし

⑪ 体左に引いて突き敵体左前に
転倒を見て、突きの事倒れず
とも突き　　　残心

巻蔦

① 槍左斜め構えの中段に構える

② 敵胸部に突きに出る

③ 又は体落し腹部下段突きにてもよし

④
石突きにて敵の右裾拂い

⑤
逆槍詒変の構えのまま我れ敵に付入らせつつ後ろに引く

⑥
右槍先を上に右手を放ちつつ廻し

⑦ 虚体にて敵下腹部を突き伏せる

⑧ 敵体前屈に伏し倒る

残心

気貫

スナップ

鬼刺

①

中段の構と云うも体は右斜めに位構とする

②

敵胸板を突く

③

体は一歩引き変化あるも槍は手元に一寸引く浮気引きの神気なり

④ 神気にて敵胸板を突く、この神気鎧兜の胸板を突き貫く気なり

⑤ 一歩退く前と同じく槍は一寸繰り引く

⑥ 忽ち胸に突く行く

⑦ 我れ右の方斜めに一歩退きながら槍を一寸操り引きしながら

⑧ 一変忽ち敵の右足に突き進武

残心

跳ね挙げ

スナップ

飛龍

①
左斜めの姿勢にて下段に構える

②
この突は敵の足を捕る意なり
敵の右足に突き入る捕り足の後

③
我れ右に飛び退く

④ 忽ち右槍先上に振り廻し

⑤ 右手放ち左手下に持ちかえながら、我が右側に槍りもち来り

⑥ 突き入る、瞬

⑦ 我れ左側に飛び退く

⑧ 忽ち槍を上に廻し

⑨ 槍先にて敵左裾拂い

⑩ 突きこれは下段より鋒先にて足右足を切り上げ突きとなる

⑪ 我れ槍の石突きにて敵の右横面砕きとなる

残心

鬼砕き

スナップ

突伏

① 姿勢右斜、千変の構え

② 敵の胸部突き入り

③ 槍先引くのと身体引くの同時
体槍一如の波浪の程

④ 敵下腹部突きいり

⑤ 体槍一如、新田義貞が引潮の位

⑥　②と③に同じ
この技は敵に付入らせない為に槍引き身体引一如引きの虚実において動時突き突き伏せの型也り

⑦　小手突き

⑧ 小手を貫き体を貫き伏せる

残心

スナップ

① 姿勢右斜槍構えなし自然の体

② 敵胸部に突き入る

③ 右に横飛び空間

④ 槍石突きにて敵の左胴拂い

⑤ 槍下段の型にて振り

⑥ 突きいる

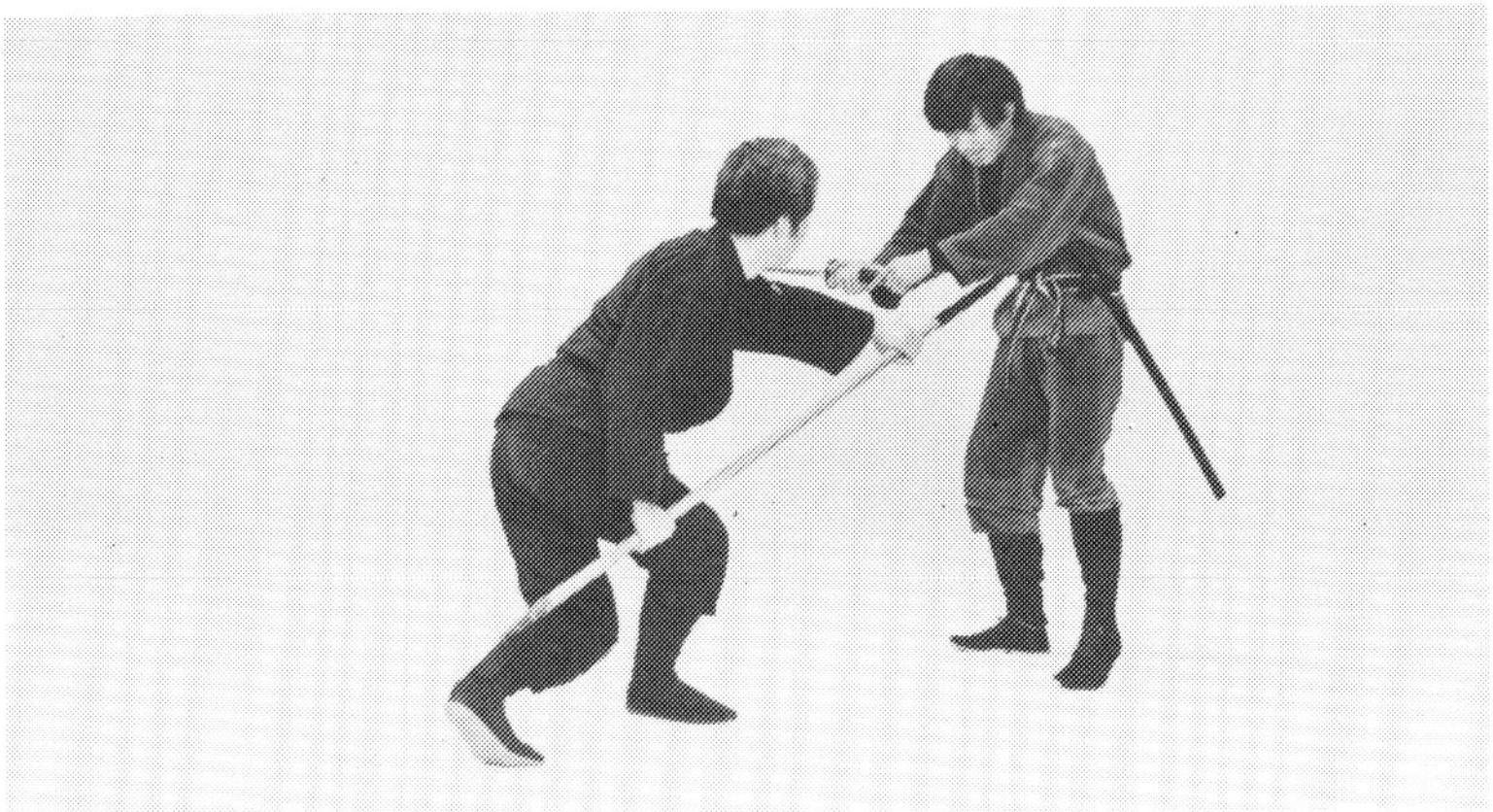

⑦
右に横飛び同時に石突にて敵の左胴拂。此の技は我が躰を右え右えと廻し踊るが如く

突いては槍体一如の石突きにて敵の胴拂いに出ては閃転突技を用い敵我れに付入る間をあたえず

我れ右に右にと廻る事は位取りから云っても我が方に利があり敵は劣の位におく為なり
残心

三ツ玉

①
姿勢右斜め、上段の構

②
槍先は敵胸に当て右手我が頭上に位する

③
右手操り浮き下し突きに出る

④
敵我が槍先を撥ね上げる

⑤
我れは敵の一刀撥ね上げの力を利して左手放ち天突に棒を舞わせ

⑥
棒と体の一線を敵に放ち

⑦
敵の左足拂いに体と共に
槍風を送り

⑧
右手棒もつ手と腕を浮き止め

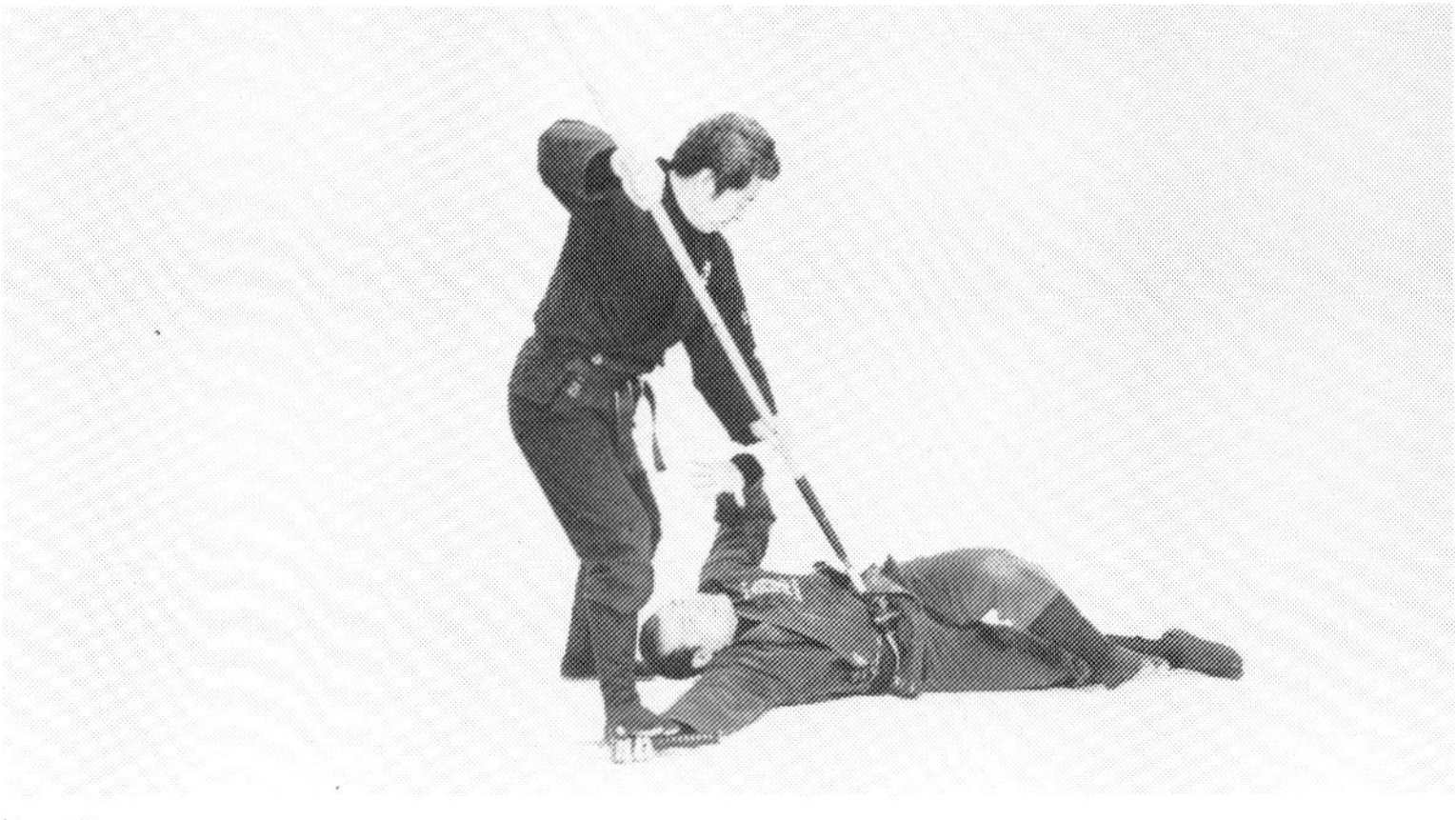

⑨
其体のまゝ腹部突き抜貫く
敵の手を右足にて捕り砕く

⑩敵頭首左足にて押え止芽

残心

九字斬り

スナップ

七枚葉

①

姿勢右斜め、中段の構

②

心体一歩引くと見せる虚

③

槍先左手放ちながら

④
右廻しつつ体変

⑤
浮体に構えのまま

⑥
敵左裾拂い又は裾斬り

⑦
我れ右足引きながら

⑧
槍先後方に向けつつ右頭上越しに

⑨
敵右裾拂い

⑩ 拂いより撥ね倒す
この技は右に左にと葉が舞う
如くにして拂い倒す

一名七枚返し、異法葉ちらしとも
云う

残心

⑪ 敵の浮き足立ちを捕り上げて
葉止め

⑫ 葉止めを潜り返し

⑬ 廻し返しながら敵足裏を突いて

⑭ 敵は葉散らしに倒る

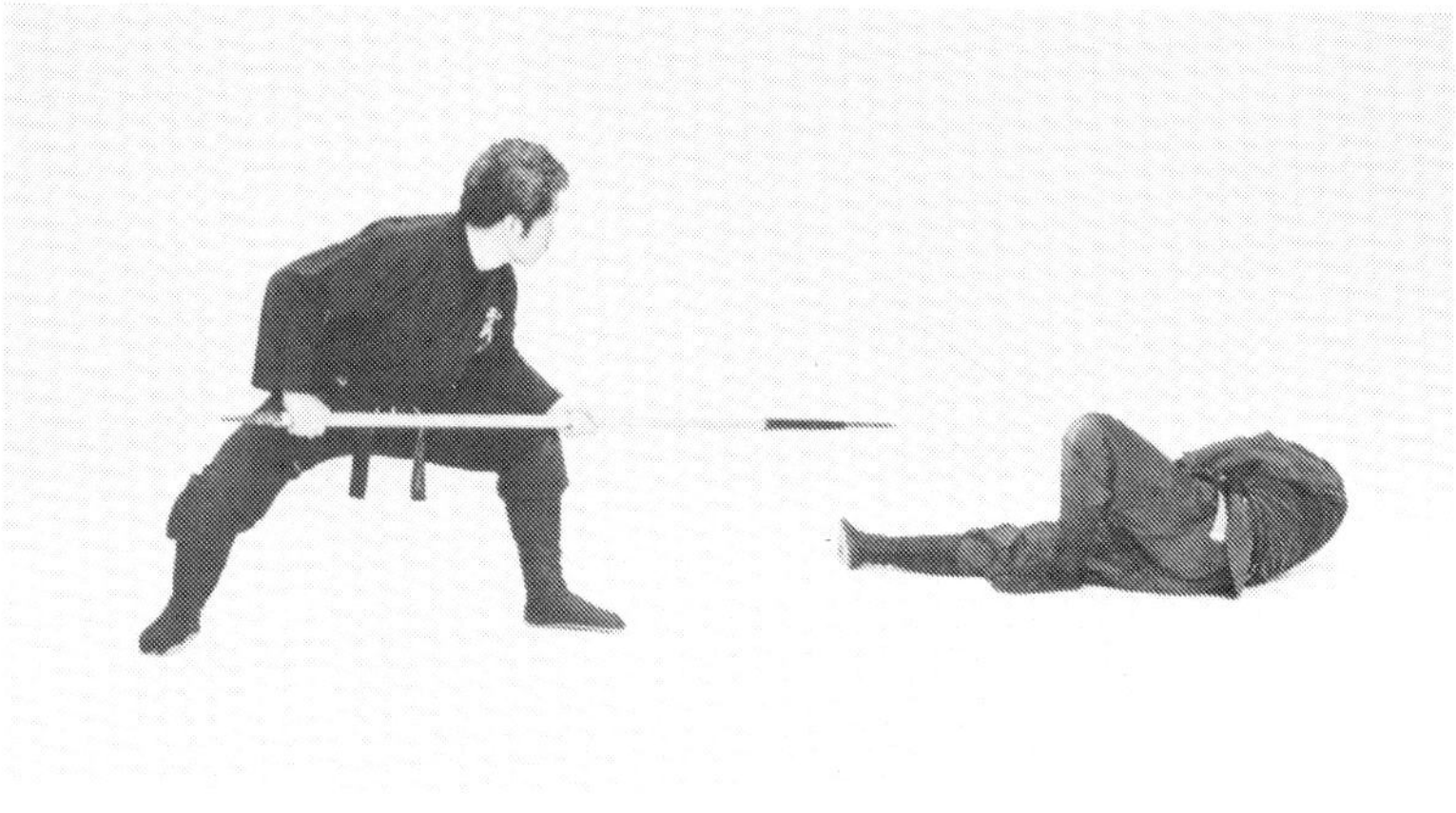

⑮ 止芽突気

跳ね巻気

スナップ

免許皆伝
変蝶型

免許皆伝変蝶型

此の変蝶型と云う技法は、空間に蝶の舞い遊ぶが如き程で、右に左に眞体を天じ、相手の虚に亦は虚空に付き、入ると云う、突き入るにあらず心技体論とり愉とりの武風一観の境地にあるものであるから、槍が体と共に空間に有り槍が十分に使えることの出来るものが、この変蝶型の風味快伝を勘知出来得るものである。

故に槍を充分に使うことが出来得る者のみ、変蝶型の修業に入ることが出来ると云うことを心掛けて練習に千念して下さい。

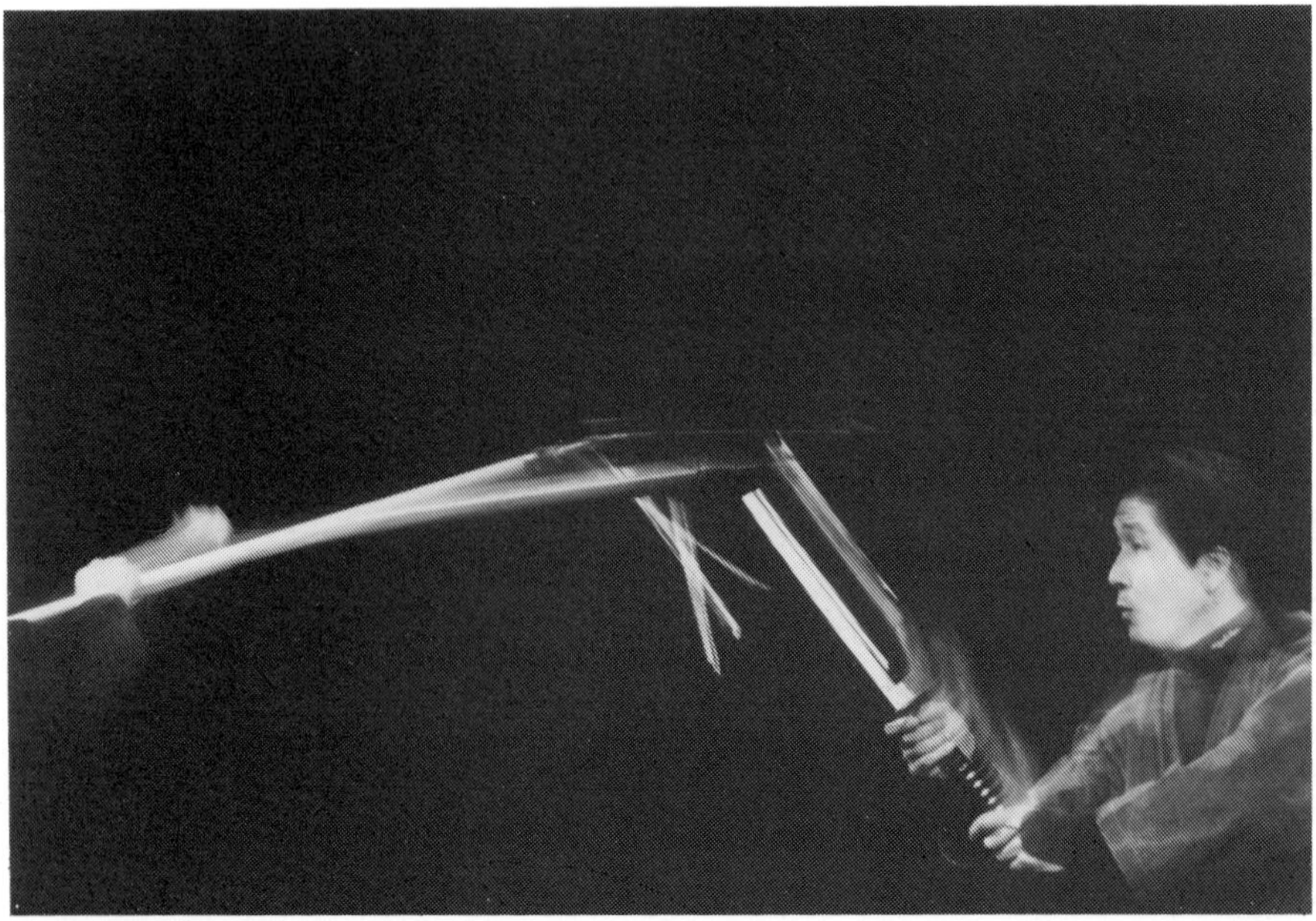

横倒

①

槍上段の構え

②

突きを見せ

③

槍を頭上にて右廻しに廻し敵を近づけず

④ 変蝶

⑤ 石突きにて敵左横面打ち

⑥ 頭上左廻し

⑦ 変蝶

⑧ 変蝶と共に敵の右横面打

入身敵の首砕き

スナップ

龍頭

①

槍下段に構える

②

右斜一歩前進位捕り

③

右足坐して胸板突き入り

④ 左斜めに体を変蝶

⑤ 槍を右に廻し敵斬る気

⑥ 気変を勘知しつつ敵左裾拂い

⑦

坐の振りにて敵の胸板を突き
ぬく

此の型は敵の切り込みを防い
で片坐立てとなり丁度龍のか
ま頭を突き上るが如く

此の突きは相手方大刀にて
撥ね難き姿勢也

口伝

一刀巻き上げ

スナップ

巴

①

槍上段に構え

②

頭上に槍巴えの如く

左右に廻し、変蝶

③
敵の左顔面を打たんとする為
敵は後退下らざるを得ない

④
右霞打ち

⑤
変蝶

⑥

この虚に付入りて

⑦

槍の大刀ち捕り変蝶の気

⑧

二度　変蝶

⑥ 三度と突き防せる型也

⑦ 変蝶

⑧ 蝶飛突

⑨ 鍔捕り小技

⑩ 小手斬り変蝶突気

⑪ 前倒しに捕り突き引き斬る

釘抜

①
槍上段に構え、右斜の体

②
槍突き

③
敵太刀を跳ねる

④
太刀撥ねるを返し太刀

⑤
槍　釘抜型と云い、突いては撥ねる

⑥
抜き撥ね

⑦ 故に敵は突きを一刀でかわせども撥ね槍で小手に誘われる

⑧ 其の虚に隙をみて再度突き上げ

⑨ 撥ねると捨身の槍也

⑩
槍突き跳ねるごとくなくも気槍神気稲妻の如き暗光の槍とも云う

釘抜気

スナップ

嵐

① 槍中段の構え

② 槍先　右渦巻はし

③ 体を左斜めに転じ、左手放ち

④ 左手槍の石突き側を右手越しに左手にて柄を握り右より

⑤ 敵左胴を槍先横なぐり胴に横先刺さることもあり変蝶

⑥ 横なぐり嵐のごとく左側の壁を崩すなり

⑦ 其の槍体にて石突にて左足一歩前進しながら足拂い亦は

⑧ 下段撥ねあげ

⑨ 俵捕りに浮かし我が左体にて敵左体を捕る

⑩ 槍で敵を飛ばすにあらず体風にて飛ばす

⑪ 石突きにて当て砕く

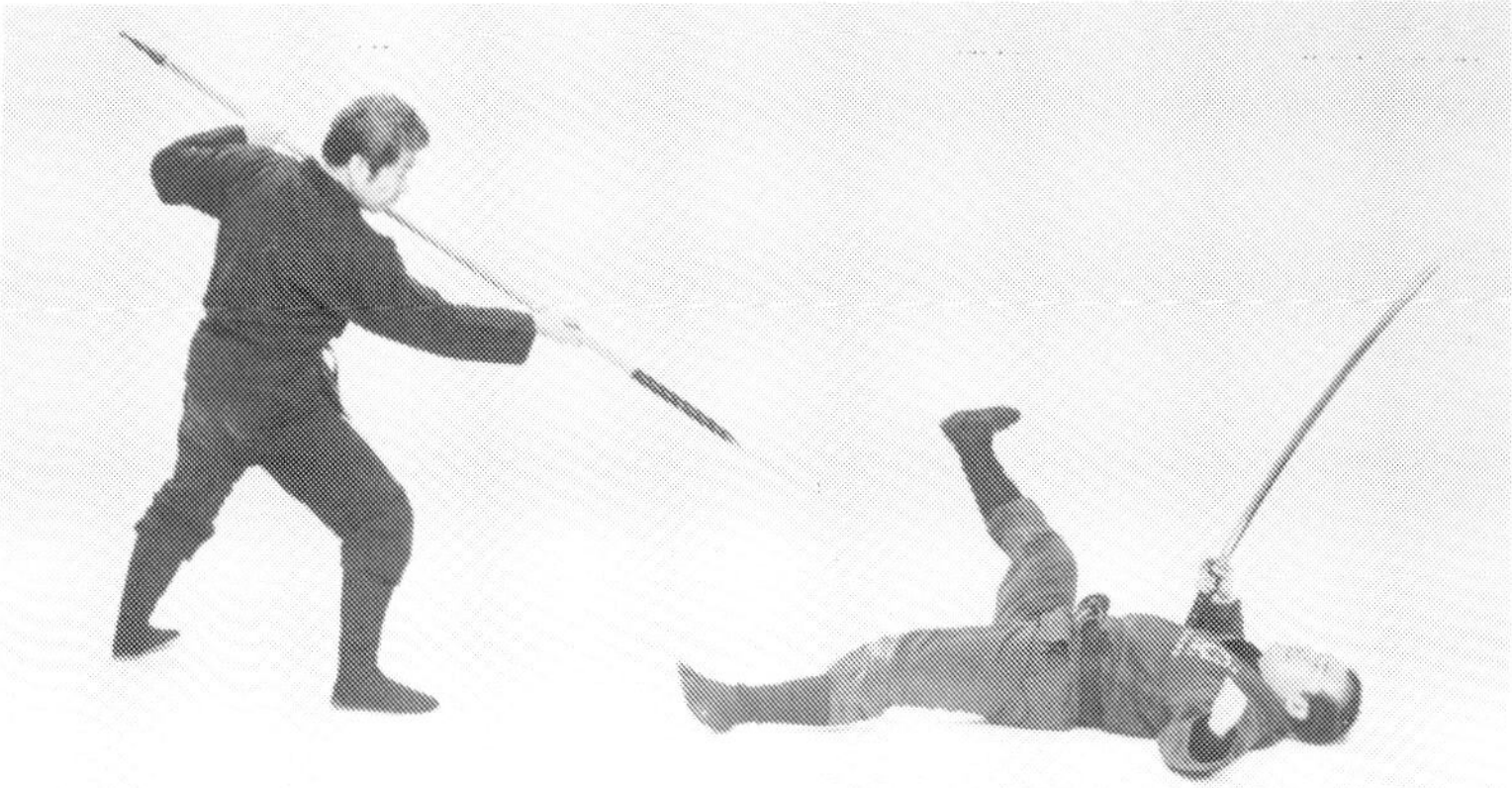

⑫ 左足引きて突き防せる也

①槍中段右斜の姿勢に構える

敵一刀大上段

②
敵の身辺に一寸きざみに進む
敵切り込めば負けなり

③
一寸きばみに進む故
敵最後に切り込む

④
捨身の切り込みなるも我れも
同時に一突きに防せる捨身心
明の変蝶也

⑤ 神念足止め無想神明

⑥ 突き抜き

突き上げ

突き飛ばす

打ち込み

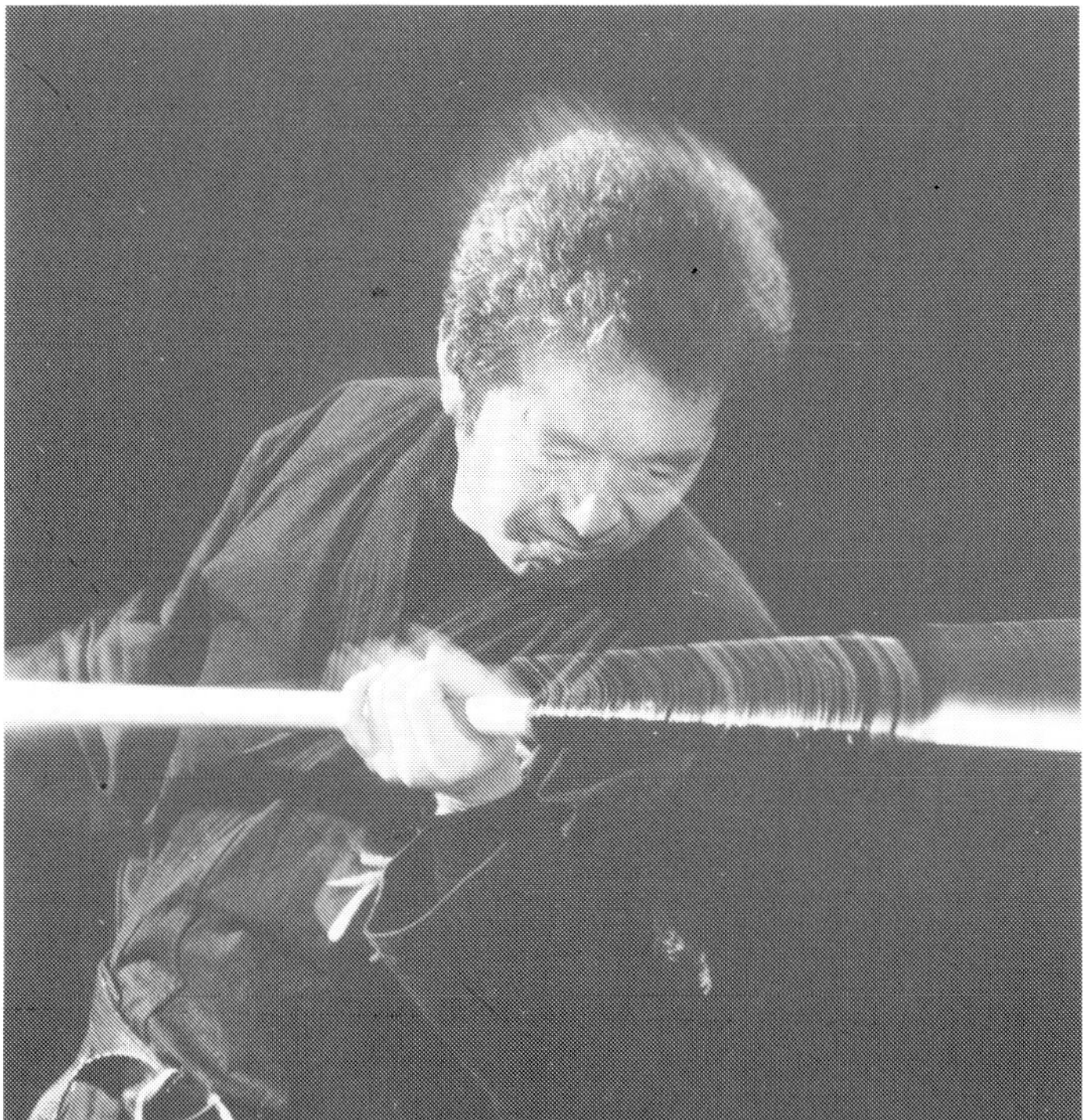

スナップ

①
右斜めの姿勢
槍は七、三の割に持つ即ち槍先三分の所を持つ事

②
右足充分に割って変蝶
気合と共に遠方の敵に対し槍を空に向け投げて突き刺す。

③

この際右足を一歩ふみ出す事
槍投げ上部より下方に投げる
故瀧落しとも云う

飛鳥

スナップ

横投

この横投げは槍で突きさすと云うより倒すと云った方が適当でしょう

① 我が頭上に石突の方を右手で握り左は槍の中眞をもって差し上げる

②
足は振りかけた時に足は前後
に呼吸をもつ
手足にて呼吸を計る

③
左手を放つのと同時右振り

④
③、④して　変蝶

⑤
敵に対し振り投げる
初めのうちは槍を敵の体に横にうち当てることになるが訓練により槍が敵に突き差すことになる

⑥
敵がよけても槍は突き進む

立投

近くの敵に対して用いる投げ槍である

①右手にて槍の千段巻き五寸下を持って構え

② 変蝶

③ 敵に対し右足出すも左足引くも変蝶の体にて投げ突き差す立捕りにキメる

④ 雨戸落し

「亦は坐投げ四方天地投げもあり」

口伝

日月

これは槍を持って敵中に飛び込む時に用いる技で

①
槍の石突五寸上をもって横投げの時の呼吸で上部に右廻し一回

②
右廻し一回

③ 下部に一回

④ 敵をなぎ倒す為に用うる

俵返し

スナップ

稽古型

これは龍が霞の中を泳ぐ如き動きで槍空り雲
龍の如き一つの流れとして稽古いたします

水龍

干気

横降り

雲龍

龍巻

仕龍

水龍

投叩

締め斬り

スナップ

槍体変

①より⑪迄は動気の稽古である

①

変上投に返し突き

②

横突きに出て

③ 手中に槍柄を遊ばせ

④ 変転

⑤ 右足を軽く出し拍子　坐し

⑥ のぞき拂い

⑦ 踊り足に拂う

⑧ 霞槍

⑨ 鐘気の位

⑩ 拂いに出て

⑪ 龍落しの突き霞
これは龍が霞の中を泳ぐ如き動きで槍空り雲龍の如き一つの流れとして稽古をいたします。

投げ砕き

スナップ

実技に協力していただいた方々

著者　武号白龍翁
初見良昭

種村恒久

間中文夫

瀬能英夫

大栗紘一

石塚哲司

初見 良昭　指南書
写真で覚える槍　術

著　　者　初見　良昭
発 行 者　田仲　豊徳
発 行 所　株式会社 滋慶出版／土屋書店
〒150-0001　東京都渋谷区神宮前3-42-11
TEL 03-5775-4471　FAX 03-3479-2737　E-mail shop@tuchiyago.co.jp
印刷・製本　日経印刷株式会社

　http://tuchiyago.co.jp